碎片化时代智慧教学平台开发与应用研究

段新娥　著

中国农业大学出版社
· 北京 ·

内 容 简 介

当今是网络高度发达的信息时代，网络教育已成为教育发展的必然趋势，课程网站与微课学习平台的构建，实现了教学资源的网络化，是网络教育的关键环节，在学校教学中起着举足轻重的作用。本文通过建立计算机专业课程JAVA程序设计的精品课程网站和微课学习平台，让学生不再局限于课堂，增加了学习时间，甚至能随时了解课程的教学情况，这在很大程度上提高了学习效率，进一步提高了教学质量，加强了教学效果。文中对基于PC端和移动端的精品课程网站和基于微信公众平台微课学习系统的开发思路与实现方法、应用到的关键技术以及JAVA程序设计课程的教学设计、实施过程进行了详细探索与描述，将两者有机结合起来，剔除了传统精品课程不能高效使用、微课缺乏完整性的弊端，有效地解决了高校利用互联网技术进行教学过程和学习中遇到的问题，为当代碎片化时代计算机专业课程建设、课程教学改革提供一个平台、一个方法、一种思路，起到抛砖引玉的作用。

图书在版编目(CIP)数据

碎片化时代智慧教学平台开发与应用研究/段新娥著．—北京：中国农业大学出版社，2018.5

ISBN 978-7-5655-2011-2

Ⅰ.①碎…　Ⅱ.①段…　Ⅲ.①网络教学-教学研究　Ⅳ.①G434

中国版本图书馆CIP数据核字(2018)第067879号

书　　名　碎片化时代智慧教学平台开发与应用研究

作　　者　段新娥　著

策划编辑　赵　中　　　**责任编辑**　冯雪梅

封面设计　郑　川

出版发行　中国农业大学出版社

社　　址　北京市海淀区圆明园西路2号　　　**邮政编码**　100193

电　　话　发行部 010-62818525，8625　　　读者服务部 010-62732336

编辑部 010-62732617，2618　　　出　版　部 010-62733440

网　　址　http://www.caupress.cn　　　**E-mail** cbsszs@cau.edu.cn

经　　销　新华书店

印　　刷　北京时代华都印刷有限公司

版　　次　2018年5月第1版　　2018年5月第1次印刷

规　　格　787×1 092　16开本　10.75印张　195千字

定　　价　45.00元

前　言

笔者在高等院校计算机专业从事教学工作已有10多年，在日常教学过程中，通过对学生学习习惯、学习方法的观察与分析，加上与其他专业课老师的探讨交流，笔者明显感受到一些专业课，尤其是计算机学科方面的专业课，目前所采用的教学方式仍然是传统的教育模式，这与当代大学生的学习习惯及兴趣有着一定的冲突，比如高等院校的学生因为自身知识水平、知识结构不同，有时候本能地对所学的专业课内容不感兴趣，对传统意义上的教学模式习惯性抵触，而老师所教授的专业课内容抽象、枯燥又相对滞后，无法吸引学生。再加上现在我们师生都生活在一个高度信息化、互联化的时代，日常生活中，人们交水电费、话费、购物都倾向并习惯于利用计算机网络技术，电话短信也越来越少，尤其是受微时代的影响，比如微博、微信、微视频等，特别是微信的发展速度超出人们的想象，笔者通过平时的观察与访谈，发现高等院校的大多数学生对微信这类新鲜事物特别感兴趣，学生很乐于采用这些新兴的技术进行主动学习，比如通过智能终端从互联网以及微信中了解很多学科前沿动态、新型知识，关注最新的时事新闻等，既然如此，能否顺应高等院校学生的这种需求，通过学生所感兴趣的网络、智能终端以及应用程序，比如个人计算机、平板电脑、智能手机中安装的微信来吸引学生的学习欲望，最后达到提高教学的质量，基于此，笔者撰写了《碎片化时代智慧教学平台开发与应用研究》，希望对国内广大高等院校的师生在利用移动设备来提高专业课的教学质量时，提供一些好的教学实践经验和教学策略。

编　者

2018年3月

目　录

第1章 绪 论

1.1 研究背景与确定选题

1.1.1 研究背景

随着市场经济的高速发展,大数据、人工智能时代的到来。要想使电脑满足使用者的需要,就必须有不同类型、不同版本的软件出现。从国内来讲,2007 年以前国家要求大型企业和政府部门必须实现信息化,今后的 5～10 年中小企业也必须实现信息化,单从政府和企业的需求来讲就需要大量的软件和软件人才,再加上电子商务软件、企业 ERP、娱乐、游戏等各个行业都需要软件,伴随着我国战略性新兴产业的发展,包括下一代通信网络、物联网、三网融合、新型平板显示、高性能集成电路和高端软件等领域都离不开软件技术。可见软件的缺口和软件人才的需求很大。

软件类人才的需求到底有多大?据调查,以北京为例,软件工程师每年需求 50 000 人左右。据 IT 英才网数据显示:北京 IT 职场每月需求达 3 380 个。深圳市软件行业协会日前公布的一项调查显示,目前深圳软件从业人员约 12 万人,是全国软件人才最主要的聚集地之一,但深圳软件产业发展迅猛,人才缺口每年仍保持在 5 万人以上。一些用人单位还定期在门户网站发布软件人才招聘的信息,并且在一些大型的人才交流大会上专门将展位设在入口的地方,以方便更多的人才前来咨询、应聘。IBM 公司企业系统、个人系统、软件及技术集团负责薪酬的主管德鲁·里其特博士发出这样的声音:“为了争夺软件工程师和信息技术专业人才,我们每天都要全力作战。”各地对软件人才需求看涨,软件工程师的薪金也“水涨船高”。根据中华英才网人才研究中心提供的薪酬数据显示,我国软件人员需求量还处于大量增长阶段。具有代表性的北京、上海、广州、深圳、山东五地,高级软件开发工程师的年薪一般在 12 万元左右,高收入者能达到 17 万～20 万元。无论从国际和国内来讲,软件人员的需求数量从来没有“饱和”的时候,涉及的就业岗位也很多，比如：软件开发（高级）工程师、程序员、软件设计工程师、软件架构师、技术支持工程师、系统分析师、数据库管理员、数据库设计师、软件测试工程师、软件培训师、软件开发项目主管、软件开发项目经理等，相信有更多的软件工程专业的毕业生们受到越来越多企业的青睐。

软件人才能力断层的问题，引发了业内人士对人才培养的探讨。如何帮助毕业生获得企业所需的能力，成为缓解人才缺口压力，协调人才供需矛盾的核心问题。如何培养出符合时代要求和企业要求的软件人才，是高校面临的紧迫任务。近年来，虽然国内外高校和学术团体都在积极探索软件开发类课程的教学改革，但由于受本专业理论体系的影响，制订的教学计划不能脱离原学科体系的框架，重结构，轻管理，重理论，轻实践，对以培养应用型人才为主的高校而言，更是存在既不能让学生掌握扎实、完整的专业理论课程，又不能培养学生熟练的操作、管理技能。

2013 年国务院颁布文件《关于促进信息消费扩大内需的若干意见》，鼓励各省市地区加快智慧城市建设。智慧城市包括智慧交通、智慧医疗、智慧民生、智慧教育等项目。国家希望通过智慧城市试点示范城市的建设，带动社会各类市场主体参与智慧城市开发，城乡居民共享改革成果。智慧教育是智慧城市的重要组成部分，是通过现代信息技术的感知功能，共享信息资源，促进教育改革，将教育质量和水平提升到新高度。智慧教育，是教育、信息技术整合发展的高级手段，是推动教育改革和发展，促进民族兴盛和社会前进的基石。

1.智慧教育引领下学习文化及学习资源需求的转变

在经济全球化和技术不断变革创新的信息时代，我国教育信息化正由初步应用融合阶段向全面融合创新阶段过渡。在这个过程中，无论是在国家地区的宏观层面、学校组织的中观层面，还是学习者的个体层面，教育信息化的转变过程均朝着追求卓越智慧的方向发展。在教育信息化快速发展的今天，智慧教育的呼声愈来愈高。人们通过构建智慧学习环境，利用多样化的技术智慧地参与各种实践活动，促进学习者的智慧学习，实现对学习环境、生活环境和工作环境灵巧机敏地适应、塑造和选择。其中，智慧学习环境的显著特征主要表现在：有移动、物联、泛在、无缝接入等技术支持学习者随时、随地、随需地拥有学习机会；提供丰富的、优质的数字化学习资源供学习者选择；学习资源能有效地减轻学习者认知负荷，降低知识记忆成分，提高智慧生成与应用的含量。因此，智慧教育的理念与宗旨势必改变着学习方式、学习资源、学习方法的格局，影响和引领着当前的学习文化。其中，最直接且显性的体现是构建智慧学习环境时的学习资源需求的转变和学习者学习方式的改变。“开放、多元、自主”无疑是体现当前智慧教育学习文化的重要内容之一。

泛在学习环境、多样便捷的学习媒体终端以及其他学习技术对学习方式的干预和影响要求学习资源走向多样化、便捷化、切需化。因此,资源形式和内容的不断更新、变革是适应学习文化转型和学习方式转变的必然结果。

2.视频类学习资源的兴起与广泛应用

随着视频网络技术的发展与应用,教学视频资源的制作和传播日趋便捷,其应用也日益普及。在传播和共享课程知识方面,教学视频资源受到教育界和商业界的高度重视。自2011年网易开通公开课频道,发布国外著名高校的视频课程后,视频公开课一度成为全球备受关注的资源。“十二五”期间,教育部将视频公开课的建设纳入教育信息化建设的重要内容,计划建成1 000门以视频为载体的精品视频公开课。有国外成功案例在前,国内视频公开课的建设一直处于暗潮涌动蓄势待发之中,教育部相关政策的出台迅速掀起了视频公开课建设的浪潮。2011年11月9日,教育部推出20门课程向社会公众免费开放,短短5天中,视频点击量已逾10万次。尽管公众对国内视频课有所争议,但同时也反映了社会公众对视频课的关注和响应。这一创举改变了视频课程隐没于网络课程边角的现状,使得视频课程走到台前,重新获得被关注和审视的机会。

3.“微”时代下国家对微课程的重视

以微博为代表的“微动力”促进了“微时代”的快速发展,“微”已置身应用于各领域,如微营销、微广告、微电影、微小说、微系统及微课程等。在教育教学领域,学习方式、学习资源亦受到“微时代”的影响,相应出现了微课程、微型学习、微视频等。尤其是近期全国各地高校、中小学、各类教育研究机构高度重视和大力宣传微课程大赛活动。为贯彻教育部全国教育信息化工作电视电话会议精神,落实“国家中长期教育改革和发展规划纲要(2010—2020)”,全面推进教育信息化建设,切实推动“三通两平台”工作,由教育部《中国教师报》主办的“全国首届微课程大赛”于2012年11月21日正式启动。此活动旨在通过微课程的一系列培训、制作和比赛活动,探索教师成长的新途径,帮助教师迅速转变教育教学行为,适应课堂教学改革,推动区域教育变革。自此,全国各地的学校、教育机构开始了微课程及微课的比赛、制作、培训等相关活动。在技术平台标准化的情况下,内容质量成为关注焦点以及面临的挑战。因此,微视频课程的内容设计具有较强的时代意义,能积极满足当前时代教育研究活动的需求。

国外Khan Academy(可汗学院)在受到全球知名人士的认可和推荐之下,教学微视频资源再次从视频资源中脱颖而出,成为全球高等教育和基础教育关注的焦点。美国远程学习协会(United States Distance Learning Association)会长

John G. Flores 认为，大量实践证明，短的、模块化视频将比 50 分钟视频更加成功。利用 50 分钟视频进行教学的日子已经是过去式。Dalton Kehoe 认为“当看见在线学习视频中的头像和上身超过 20 分钟时，就要抓狂了。”有人认为这种资源是试图简化教育，对此现状表示担忧，但显而易见的优势却使人们对其产生极大兴趣，并积极进行实践应用。

4. 高等本科院校应用型转型推广

为贯彻落实《国务院办公厅关于深化高等学校创新创业教育改革的实施意见》(国办发〔2015〕36 号)文件精神，深化高校创新创业教育改革，我院作为应用型本科试点院校，计算机本科专业作为学院的应用型转型试点专业，带头挤进了教学改革的行列，教学改革内容，突出现代工程教育培养，注重研究开发、设计制造、运行管理组成工程链任务项目学习，逐步破除研究型教育加在应用型教育观念上的科学化和专业化的错误倾向影响。从现代工程教育观入手，深刻理解内涵，科学定位应用型办学定位，探索应用型人才培养新模式。

1.1.2 确定选题

为贯彻落实“2003—2007 年教育振兴行动计划”和“高等学校本科教学质量与教学改革工程”精神，教育部启动了高校精品课程建设项目，精品课程建设的目的是要“切实推进教育创新，深化教学改革，促进现代信息技术在教学中的应用，共享优质教学资源，进一步促进教授上讲台，全面提高教育教学质量”。精品课程建设工程对于加快高等教育信息化建设、提升高校教学质量、促进教学改革等方面具有一定的战略意义。精品课程网站建设是精品课程建设的一个主要环节，高等学校为建设精品课程及精品课程网站投入了大量的人力、财力。但精品课程网站建好之后使用情况如何呢？是否发挥了网上教学资源的作用呢？大量研究表明：目前高校精品课程的有效利用率很低，大多高校精品课程网站建成后，几乎没有教师和学生访问。就其原因主要表现在两个方面：一方面是被评后的精品课程网站后期维护少，资源匮乏，资源制作耗时费力；另一方面学生知晓和访问的频率也很低。精品课程网站的建设并未达到原先项目设计中关于“实现优质教学资源共享，带动其他课程建设”的目标。

“微课”这一便捷教学资源的出现，在当前受到大学生们越来越多的重视。“微课”的授课是以互联网为主的移动网络技术，作为一种教学资源，其授课时间短、内容针对性强、互动性强、高效便捷、可移动以及碎片化等特点，有效弥补了精品课程网站资源时间长、资源制作耗时费力、互动性不强的缺陷。但“微课” 主要应用在对单个知识点的讲授中，其内容多相互分散，缺乏完整的体系，这些“微课”多分布于高校课堂或者一些免费的网站上，各个知识点之间内容也相互独立，联系不大，较为零散，并没有形成完整体系。

笔者想，若能利用现代网络技术，将传统基于PC端的精品课程网站转化到学生随身携带的移动设备上，再将“微课”资源传到精品课程网站上，或者借助微信公众号平台，开发“微课”学习平台，教学实践中将两者结合起来使用，互补利弊不是一件很好的事情吗？这样不仅能有效利用原有的精品课程网站，利用教师学生的空余时间，还能提高学生学习热情，改变传统教学在碎片化时代的困境。

当前我院计算机科学与技术专业学生对软件开发类课程基础理论知识掌握扎实，初步具备处理现场实际问题的技术和分析问题的能力，为培养具备综合开发技能的应用型人才打下了坚实的基础。但软件开发是一项要求具有综合性和实践性很强能力的工作，理解和实践是非常重要的。学生不可能靠听讲软件工程的基本原理学会开发一个实际的软件，而是在实际的“动手做”和“真正练”中体会软件工程的思想，掌握软件开发的方法。然而如今，许多教师本身缺乏使用软件工程方法开发一个完整系统的经验，仅限于照本宣科地介绍一些基本抽象理论，不能将当前软件企业的实际案例和可能出现的问题、解决问题的方法融入理论的讲解中，这种传统的教学模式与实际的软件工程实践有明显的差距，最终直接影响了教育质量和教学效果，因此如何提高软件开发类课程教学质量，培养学生综合应用所学知识解决实际问题的能力，切实加强软件开发实验课程的创新与改革是至关重要的。

在近几年研究课题的基础上，笔者结合我院计算机科学与技术专业软件开发类课程教学的实际现状，以JAVA程序设计课程改革为载体，从教材建设、教学模式选择、现代教学手段应用、网络互动平台建设等方面对我校计算机专业JAVA程序设计课程进行改革，加强软件开发类课程的相互渗透，强化实践能力的培养，并将成熟的现代信息技术工具引入课程教学的改革与建设中，通过数字化精品课程网络平台和微信平台的创建，基于工作过程为导向的教学模式的引入，翻转课堂教学方法的使用，提高学生在信息社会环境下的自主学习能力和科学管理能力；培养学生操作技能、应用水平，促进学生创新思维和创新能力的培养，优化我院计算机专业应用型本科人才培养模式，以点带面，最后惠及整个计算机专业同类课程。本研究源自于教育现实背景以及所遇到的基于工作过程为导向的课程教学实践，旨在解决的核心是：在碎片化学习时代，如何设计有效的课程教学内容，教学方法，如何构建学习者自主学习的智慧教学平台，以促进学习者的“心动”学习？具体需要探讨以下内容：

(1)在学习方式转型下碎片化学习的价值是什么？“碎片化学习”内涵及本质是什么？

(2)微课程作为碎片化学习时代的新课程形态，在本研究中的概念定位是什么？国内外微课程及其内容设计的现状如何？

(3)智慧教学平台——网联网＋微课程平台的开发与应用如何实施？

(4)如何利用智慧教学平台进行基于工作过程为导向教学模式的设计与实施？

1.2 国内外研究现状综述

1.2.1 微课程国内外研究现状

1. 国内研究现状

2011 年，胡铁生发表了一篇题为《“微课”：区域教育信息资源发展的新趋势》的文章，在国内首次提出“微课”的概念。如今，微课对中国教师来说已不再陌生。越来越多的教师把精力投入到微课的研究和建设中，各类微课教学比赛参加人数也在逐年递增，仅 2015 年教育部全国高校教师网络培训中心主办的微课比赛中，就得到了全国 1 400 多所高校 18 000 多名一线教师的积极响应。在关注微课教学比赛的同时，教育学者和教师也把目光集中在微课的理论与实践研究上[①]。

在 CNKI 上分别以“移动学习”“高等教育”“微课程”为主题进行搜索。其中“移动学习”共有 12 936 条检索结果，2014 年度有 2 397 条搜索结果，2015 年度则有 2 909 条结果。可见，随着互联网技术发展和普及，基于移动终端的学习方式正越来越受到关注和重视。教育技术、成人教育、计算机、信息技术等领域开始研究移动学习，各大企业(移动设备生产商、通信公司)和学校纷纷开始探索移动学习的实践形式。以移动学习为主要功能的 APP 也逐渐成为应用热门。时至今日，移动学习研究俨然成为相关学科关注的核心领域。以“计算机专业微课”为主题进行搜索，约 1 546 条检索结果，其中 2015 年约有 272 条检索结果，研究热点大多集中在学校计算机专业教育的不足和改进方法上，并对欧美等先进国家的计算机课程做了大量调研和比较分析，积极吸取先进经验，改善不足。总体来说，目前我国对

①李兆元.我国微课研究现状与发展趋势.现代教育科学，2016(8)：52-155.

高校计算机专业课程教育研究主要针对欧美等先进国家的实践经验，结合自身实际条件，以培养全面发展的人为目标进行展开的。而以“微课程”为关键词搜索，共得到 3 364 项检索结果，仅 2014 年至 2015 年就有 2 871 条结果，可见，近两年微课程的研究呈井喷式发展。目前，在我国，微课程还是一个十分新鲜的话题。3 364 项检索结果中，以“微课程”“设计”为主题的有 880 条，其中以计算机专业课程为主题的“微课程”更是寥寥无几。

2. 国外研究现状

近年来，微课程教育在国外已备受关注，在欧洲和北美部分经济发达国家对微课程教学的研究时间较早，研究范围、研究内容也比较广泛深入。最成功的应用案例莫过于可汗学院和 TED-Ed 教育频道，两者都是将微课程与具体学科相结合，引起了美国的教学革命，改善传统教学形式的不足，让教师参与到课程的设计中来，尊重学生的主体地位，大大提升了学习的积极性，甚至形成了“翻转课堂”的新型教学模式。总体来说，国外对基于智能移动终端的微课程研究多集中于具体学科的应用中，包括中小学教育、高等教育、职业教育等多领域，学科范围广泛，从基础学科到个性化教学都有涉及。相较于国内而言，国外对高等教育的微课程研究起步较早、研究领域更广、研究程度更深，更注重实际应用和课程的开发。

综上所述可知，由于国内对微课程的研究起步较晚，所以目前我国对微课程的研究多集中在理论方面，将微课程这种形式应用到具体学科的研究相对较少，针对高校各类教育的应用更是几乎没有。没有形成较为专业和普及的微课程平台，许多课程的应用多在小范围内实施，没有专业的开发流程和应用平台。国内对微课程的研究领域较窄，多针对中小学的学科教育，很少有针对高等教育、职业教育、成人教育等多种形式的微课程研究。总的来说，目前国内对微课程教学的研究仅仅处于初级阶段，没有相对成熟的体系和应用成果，缺乏实践经验，多数是基于已有成果的理论研究。由此可见目前国内微课程相关研究多集中于微课程的概念、特点、发展现状及应用价值等基础理念的探讨，实践层面相对匮乏。将微课程与学科教学相结合的例子相对较少，特别是计算机专业学科相结合应用到教育领域的研究，可以说是凤毛麟角。

1.2.2 基于工作过程的课程开发国内外研究现状

1.2.2.1 国内外基于工作过程的课程研究

在国外研究方面，德国的“双元制”课程模式和学习领域课程理论是工作过程系统化理论的鼻祖。“双元制”是德国职业技术教育的主要形式，是德国职业教育取得成功的关键所在。“双元”指职业学校和企业或公共事业单位等校外实训场所①。“双元制”模式以学生为中心，企业为主，学校为辅，将社会需求、企业需求、教育需求及个人需求结合在一起，企业与学习紧密合作，共同培养人才，对德国成功培养高素质劳动者，维持国际竞争力起着至关重要的作用。其缺点是过分依赖企业的作用，专业分工过细，普适性教差，极易受到经济发展的影响②。

为了克服“双元制”的弊端，1996 年 5 月 9 日，德国各州文教部长联席会议颁布了新的职业学校《职业专业教育框架教学计划编制指南》，首次提出了在职业学校实施“学习领域”课程模式。所谓的学习领域，即由职业学校实施的指向学习的行动领域，包括实现专业教育培养目标的全部学习任务并通过行动导向的学习情境而实现具体化③。

学习领域课程方案取代了沿用多年的以学科课程为基础的综合课程方案，其指导思想是追求工作与学习的一体化，摒弃了学科课程体系中条块分割的缺陷，在课程结构上提出了工作过程系统化的思想，旨在培养学生的综合职业能力，包括专业能力、方法能力以及社会能力，学校在人才培养过程中承担着更多的责任，教学成本明显提高。他们认为，学习领域是一个由学习目标表述的主题单元④，学习领域是建立在职业行动基础上的，它是由学习目标描述的主题学习单元，或是一个由能力描述的学习内容，学习领域是通过行动导向的学习情境来实施应用的，即：行动导向—学习领域—学习情境。学习领域包含描述职业能力的学习目标和描述工作任务的学习内容两大部分，通过一个学习领域的学习，学生可以完成某一职业的一个典型工作任务，通过若干个相互关联的所有的学习领域的学习，学生可以获得某一职业的从业能力和资格。学习领域课程为学生提供了一个理论和实践一体化的职业能力发展过程，是能够把理论知识和实践技能连接起来的综合性工作任务，是通过理论实践一体化的“学习内容载体”，从工作世界的整体性出发，认识知识与工作的联系，从而获得对综合职业能力形成过程极为重要的“工作过程知识”和“背景意识”，实现学习的迁移性⑤。

---

①丛培鑫. 国外职业教育培养模式. 机械职业教育，2009(7).

②夏成满. 德国“双元制”职业教育制度及其启示. 江苏高教，2005(1).

③姜大源. “学习领域”——工作过程导向的课程模式. 职教论坛，2004(8).

④姜大源，吴全全. 当代德国职业教育主流教学思想研究——理论、实践与创新. 北京：清华大学出版社，2007.

⑤赵志群. 职业教育工学结合一体化课程开发指南. 北京：清华大学出版社，2009.

在我国，传统的高等教育课程是按照学科系统思路设计的，“理论教学”和“技能训练”分立而治。在教学实施中，学科课程常常以时间为序，被划分为文化基础课、专业基础课和专业课三大部分，俗称“三段式”教学；这种课程模式重理论，轻实践，理论学习与实践学习缺乏有机统一，阶段割裂，学生无法窥探整个职业工作过程。改革开放以后，人们逐渐意识到高等教育应当为经济建设服务，在发现自身不足的同时，我国相继引进国外先进的高等教育模式，如德国的“双元制”、英国的BTEC、加拿大的CBE及澳大利亚的TAPE，我国的高等教育模式也随之发生翻天覆地的变化，我国优秀的教育工作者在充分吸收国外优秀教育成果的基础上，积极开发适合我国国情发展教育模式。随着课程理论与实践的不断发展和成熟，我国的高教课程的发展大致经历了4个阶段：①模块课程阶段；②“宽基础，活模块”阶段；③“项目课程”阶段；④“工作过程系统化”理论。

近年来，我国在研究部署“双元制”职业教育，特别是“学习领域”课程所提出的工作过程导向的理论与实践成果的基础上，学者们提出了工作过程系统化的课程模式，它是对项目课程的一种继承、改革与创新。2004年，教育部、劳动部等部委联合发布了《职业院校技能型紧缺人才培养培训指导方案》，在方案中明确提出了要按照企业实际工作任务开发“工作过程系统化”的教学项目课程模式。自此，我国职教课程改革发展方向基本成形，以工作过程为导向的项目课程研究和实践因此而发展壮大。

1.2.2.2 国内基于工作过程教学改革的研究述评

1. 检索数据分析

在中国知网“中国基础教育优秀博硕士学位论文全文数据库”中，检索题目为“工作过程”的博硕士论文，出现了三篇，《学校委托管理工作过程中的文化冲突及对策》《认知评价在工作压力过程模式中的作用研究》及《空间几何问题解决过程中工作记忆资源分配策略的个体研究》，这些都不属于职业学校基于工作过程课程改革和教学研究方面的。

在中国知网“中国基础教育期刊全文数据库”中，检索篇名中含有“工作过程”的论文，一共有977条，其中“高职”方面的论文有183条。在含有“工作过程”的977篇论文中继续检索篇名含有“高等”方面的论文有12篇。从而可以看出，在高职各专业中开展基于工作过程的课程改革或者教学研究比较多，程度也较深，开发出了很多有效的课程，而在高等专业中开展这方面的研究还刚刚开始，计算机专业基于工作过程的行动导向教学研究几乎没有。

2. 权威书籍述评

教育部职业技术教育中心研究所学术委员会秘书长、国家示范性高职院校课程开发与教学资源协作组组长、资深职教研究专家姜大源教授的《工学结合的高职课程开发——关于工作过程系统化课程的开发方法》的专题报告中，姜大源教授以丰富渊博的理论知识，扎实细密的深刻分析和典型翔实的国内众多职业院校课程设计的案例深入浅出地解读了工作过程系统化课程开发的基本思路、技术路线和实践操作。他提出，职业教育课程开发的设计包括工作任务分析、行动领域归纳、学习领域转化和学习情景设计四个步骤，尤其强调了学习情景设计这一内容。以工作过程为导向的课程开发“重复的是步骤，而不是内容”，步骤是相同的，内容(即学习情境的设计)却是由易到难，由简单到复杂。在此理论指导下的职业教育过程中，教师所起的作用越来越小，学生的自主能动性越来越大；老师的教是一个“手把手→放开手→育巧手→手脑并用”的过程，学生的学是一个“学中做→做中学→学会做→做学结合”的过程。这种课程开发的方法，不但在专业课(包括第一、第二、第三产业)中可以很好地运用，而且在专业基础课，甚至是公共课(包括英语、语文、数学、甚至体育课)中都可以找到自己适合的运用方式，这给予本课题带来了崭新的启示，打开了思路，积极思考如何在这一新理念的指导下进行学习领域的开发和教学方法的创新。姜大源主编，清华大学出版社出版的《当代德国职业教育主流教学思想研究——理论、实践与创新》，该书围绕当代德国职业教育发展，阐述了对教学模式的形成具有重大影响的设计导向的教育思想，职业能力开发的教育理念、学习领域(即工作过程系统化)的课程方案、行动导向的教学过程和职业教育专业教学论五个方面的内容，首次系统地对我国德国职业教育深层次的哲学思想和理性思维进行了研究，使我们职业教育研究的思路、视野和方法得以拓展和更新，为我们职业教育的教学改革，特别是课程开发、教学方法，提供许多可以学习和借鉴的方案[①]。严中华编著，清华大学出版社出版的《职业教育课程开发与实施》一书，也是参考了姜大源所著《职业教育学研究新论》和《当代德国职业教育主流教学思想研究理论、实践与创新》。该书共六章，基于工作过程系统化的理念，对职业教育课程开发的思路与步骤进行了梳理与阐述，对广大职业院校教师进行课程开发提供了良好的指导[②]。

3. 典型论文述评

黎宾、莫小群的观点是结合人才培养模式改革的思路，基于工作过程的课程体

①姜大源. 当代德国职业教育主流教学思想研究. 北京：清华大学出版社，2009.

②严中华. 职业教育课程开发与实施. 北京：清华大学出版社，2009.

系开展改革。从行动领域确定、学习领域转换和学习情境三方面构建基于工作过程课程体系的实践。分析了课程体系改革的三个关键：校企合作共建课程是改革基础；基于工作过程的实训基地建设是改革的保障；基于工作过程的教学团队建设是改革保证①。张吉升的观点是从课程设计、课程内容、教学方法和手段、师资队伍建设和实践教学体系的构建几个方面分析研究基于工作程导向的“服装材料应用”精品课程的建设，旨在探讨一种新的行之有效的精品课程建设路径②。

通过前面的文献梳理，基于工作过程的理念最初起源于德国，为德国职业教育的发展做出了巨大的贡献，最近二十余年，我国职业教育发展过程借鉴了德国的这种先进指导理念，很多专业上的实践运用经验为本研究提供了方法上的参考。高等本科院校将基于工作过程的理念应用到课程改革上的还是很少。

应用型本科院校与高等职业技术院校培养人才规格的认定标准虽是不同的。但其培养应用型人才的要义是让培养的学生更加符合社会经济发展的需要，让学校更加具备服务地方、服务行业、服务产业的能力。在重视学生的发展后劲和对市场变化的适应性的同时，注重强化学生的实践能力增加职业能力训练内容，提高学生的就业竞争力。因此笔者认为基于工作过程的课程教学模式适合于高职院校、同样适合本科院校，特别是应用型本科院校，但我要说的是：这种适应并不是进行一味地照搬，而是要根据专业学科特征进行研究。

1.2.3 关于计算机专业课程开发案例的研究

在计算机领域，基于工作过程系统化也得到了运用和发展，深圳职业技术学院教师徐人凤老师研究和开发了计算机软件技术专业的课程方案，在这个案例中初步介绍了目前我国职业院校计算机专业基于工作过程系统化的课程开发现状，该案例从学习领域的课程结构和内容上看，并没有区别专业方向，只为高职软件技术专业设计的，在学习完课程之后，学生可以从事 Web 开发、桌面系统开发、数据库管理和维护等多个岗位，而在短短的三年之中，想使学生获得多个工作知识和职业能力是非常困难的，甚至难以实现。但该学习领域的课程体系与以往的课程而言，表明职业教育课程改革向前迈进了一大步，至少在课程结构上已经摆脱了学科结构课程体系的影响。

王勇、王海翔在《职业技术教育》2009 年第 14 期中发表的《基于工作过程系统

---

①黎宾，莫小群．基于工作过程的热能动力设备与应用专业课程体系改革探索．教育与职业，2009，10(30)．

②张吉升．基于工作过程导向的高职“服装材料应用”精品课程建设研究．职教通讯，2011(12)．

的软件课程教学设计》结合软件专业讨论了基于工作过程系统化课程开发的过程，但是并没有详解课程开发的过程和开发结果，即没有较为完全的课程结构、体系和内容。胡在威在《职业技术教育》2009 年第 26 期中发表的《高职软件技术专业学习领域课程开发研究与实践》中以《企业级数据库的实施和维护 Oracle》为例，具体从设计的原则、设计过程等方面讨论了学习领域课程的学习情境设计和课程的教学设计，文中同样没有给出一个较为完整的课程。马斌、冯明卿、张旭芳在《职业技术教育》2010 年第 14 期中发表的《基于工作过程的程序设计类课程的开发》对 VB 程序设计课程的教学任务进行了分析，并对 VB 程序设计这门课程的学习情境进行了设计。很显然，该学习情境的设计是针对某一课程的，即学科结构课程体系下的学习情境，其课程体系本质仍然是学科结构，而非工作过程结构，并没有从根本上摆脱学科结构课程体系的影响。

分析上述研究，可以得出：目前，在计算机专业中选择某一门课程进行学习领域的设计的案例比较多，这些案例没有从整个课程体系出发，更没有参照工作过程和职业成长发展规律，构建以基于工作过程系统化的课程体系，其课程结构本质和宏观上仍然是学科结构的课程。

1.3 研究目的与意义

1.3.1 研究目的

源于工作和学习的部分体验，笔者首先觉得以手机为代表的智能移动终端对人们生活的影响越来越大，越来越便捷的网络覆盖和大量应用软件的开发更是促进了以移动终端来作为学习载体。随着网络教育和终身教育的理念越来越深入人心，计算机教育作为一种基础教育更是越来越受到重视。而目前在国内，计算机专业课程教学改革的展开和普及还存在一定的局限性，学生和广大计算机专业教育工作者的认识还存在一定的误区。如果以智能移动终端为平台，以微课程的形式开展计算机专业课程教育，相信可以适当解决目前教育中存在的一些误区和问题。笔者首先通过对目前比较成功的微课程案例，如网易公开课、可汗课程的分析，并结合本人教育教学的学习和实践经历，将选题定在本校计算机专业程序设计类课程中的 JAVA 程序设计课程中，结合网络课程、移动学习、微课程的形式要求，以及人的全面发展和终身教育的理念，设计出基于 JAVA 程序设计的精品课程资源网站和微课教学平台以及基于工作过程为导向的 JAVA 程序设计课程教学体系。

综上所述，本研究主要通过实践研究达到以下目的：

(1)确定传统课程、微课程、慕课与网络课程的主要特征，界定网络课程、微课程与传统课程的主要区别，综合分析国内外关于网络课程、微课程的研究和应用实例，从而确定研究的核心概念。

(2)开发基于PC端和移动端的精品课程网站和基于微信公众平台"微课"学习系统，将两者有机结合起来，解决传统精品课程不能高效使用、"微课"缺乏完整性的弊端，有效解决高校利用互联网技术进行教学过程和学习中遇到的问题。

(3)进行计算机专业课程JAVA程序设计网络课程与微课程个案设计并进行应用，为网络课程、微课程在高校计算机专业教学中的应用提供实践依据。

1.3.2 研究意义

JAVA程序设计教学不仅是理论、工作原理的教学，更是技术、思想的教学。目前JAVA程序设计课程教材以及教学都未能体现出这一点，大部分教材对概念、理论的描述详细、深奥，学生难以理解。教学过程中，教师大多采用"程序讲解法"，也就是教师通过讲解课本的程序，使学生理解此程序的功能，掌握其中所用到的语法及其应用；很少注意程序设计的算法思想、设计的过程、方法，更谈不上培养学生利用JAVA 开发应用软件的能力，从而导致课堂教学质量不高，学生的实际动手能力、应变能力及创新能力不强，挫伤了学生强烈学习软件开发的积极性、探究欲。

通过文献调查，发现国内外对程序设计方法的研究较多，而对课程教学方法的研究较少，且这些研究也主要是分布在案例驱动、任务驱动等程序设计教学策略改革中。就基于工作过程为导向的课程设计与开发，强调为学生的职业生涯发展培养其综合职业能力的课程改革还较少，公开发表的论文几乎没有。将工作过程这种教学理念引入JAVA程序设计教学中，且建立基于网络、移动平台的教学资源几乎是凤毛麟角。鉴于此，笔者在计算机专业课程教学中，把这种教学模式与我们当前实际的教学改革紧密地结合起来，更好地运用这一教学法，培养学生的创新意识，提高学生的创新思维能力，希望为造就面向新世纪的创新人才奉献自己微薄之力。

1.4 主要解决的问题

本项目将结合我校程序设计课程的研究现状，以计算机专业程序设计类课程JAVA课程为例，以我校计算机专业大三学生为研究对象，开展"基于工作过程的JAVA程序设计课程教学改革与实践研究"。所谓工作过程是指在企业里为完成一件任务并获得工作成果而进行的一个完整的工作程序。因此，此项目研究拟提出一种基于网络、移动平台的新教学模式——基于工作过程的教学模式。它强调以实际项目开发为例，以软件工程思想为导向、以培养学生分析、解决、应用能力为目标、将网络互动融入每个环节中，使学生通过完成项目获得直接经验，实现由知识认识，到知识的重组，再到知识的迁移，最终实现知识的应用。项目的开展是在建构主义、自主学习、协作学习等教育理论的指导下开展的，教学设计借鉴了翻转课堂教学模式、MOOC教学模式、项目教学模式等新的教学策略。

通过研究主要解决教学中的以下问题：

(1)解决师生交流少，只有上课见面，不能共享资源的问题。大学里，任课教师通常都是上课来，下课走，很少有和学生交流的机会，师生关系冷漠，一学期下来，教师与学生相互陌生，根本谈不上资源共享，这一现象不仅疏远了师生关系，而且不能将师生课下有效时间利用起来。

(2)解决教学脱离实际应用的问题。传统的JAVA程序设计课程教材内容以理论知识为主，按从易到难，由浅入深分不同章节编排内容，知识描述多注重知识的逻辑结构，与生活实际结合的不够紧密，经常出现教学脱离实际应用、学生感觉教学内容抽象，枯燥，学无所用，产生厌学情绪。

(3)解决教学课时不足，教师满堂灌，学生满堂玩的问题。JAVA程序设计这门课程有48个教学课时＋两周课程设计，大三学生一方面要准备考研，另一方面又有大量的专业课程需学习，学习时间严重不足，压力很大，再加上教师采用传统的“黑板＋幻灯片”的教学模式，只能匆匆满堂给学生灌输知识，无暇顾及学生是否掌握。经常出现教师讲自己的，学生玩自己的。上课玩手机、课下抄作业是高校常见的变态现象。

(4)解决评价缺乏多元化，模式单一，忽视学生个性发展问题。多年来，我们考核学生成绩，多采用期末考试＋平时出勤或一次期末考试定学生课程成绩的考核方式，忽视学生个性发展和实践操作，这样的考核方式，使学生经常临考突击或考场抄袭，最终出现平时不学或死记硬背得高分，而平时认真学习考试却排名在后的高分低能现象。这种不公平结果对认真学习的学生打击很大，失去了学习兴趣。

1.5 创新点

本研究的创新点主要体现在以下几个方面：

①观念创新——充分利用先进技术开发互联网教学平台，将原有的基于PC

端的精品课程平台转化到移动端，结合微信公众号实现了教学平台在PC端与移动设备上的互补。将学校教育与课下教育、社会实践结合起来，更大限度地激发学生的学习兴趣，发挥老师引导作用。

②方法创新——打破传统的按照课本上知识体系的逻辑顺序来授课和实践的教学方法，引入项目教学法、翻转课堂教学、移动学习等新的教学方法，教学理念，提高教学质量，培养学生综合能力。

③内容创新——将学生所学知识碎片化、工程化、项目化。将学生所学知识进行碎片处理，项目化重组，针对每一碎片制作微课，上传给学生，供学生课余时间学习，训练。这一方法，有效地利用了学生课余时间，扩充了教学时间，使学生愉快地学习，快乐地成长。

第2章　教学平台建设的相关概念与理论

2.1　相关概念

2.1.1　碎片化时代

如今，我们经常看到以下现象，候车时学习、地铁上学习、旅途中学习等，此外，也会经常听到“很难坐下来学习30分钟”“利用间隙的时间学习”等之类的感慨。由此可见，人们的学习时间、空间都已从连续、固定、封闭走向灵活、开放、多元，学习呈现出碎片化。然而，为什么会出现这样的碎片化学习现象和学习方式的转变呢？归根到底是生活节奏加快和科学技术发展的结果。其中，技术能满足快节奏生活的需求是引起学习文化转变和学习方式转型的重要原因。它将人们的学习时空分割成若干片段，使得学习环境乃至学习认知呈现碎片化。

1.移动互联技术的发展与应用

(1)Web技术的演变与发展

近20年来，技术的发展使得社会从基于网络互联的Web 1.0时代走向基于社交的Web 2.0时代，直至今天基于移动的Web 3.0时代。Web 3.0时代除了具备Web 1.0和Web 2.0的相关特点外，还具有实时、随时随地、位置感应、传感器、量身定制的小屏幕等特点。根据美国社会培训和发展组织的年度报告显示，Web 3.0主要由移动网络、虚拟网络和语义网络等构成。Web各阶段核心理念及环境支持如图2-1所示[①]。

Web技术在发展的不同阶段，以及在各阶段的过渡与交替时，其应用的关键技术、学习环境系统亦是不同的。如图2-2所示。例如，网络技术由句法网络(Syntactic Web)逐渐向语义网络(Semantic Web)和实用网络(Pragmatic Web)发

①译自于祝智庭.喻说云计算与教育信息化的PPT讲座资料.

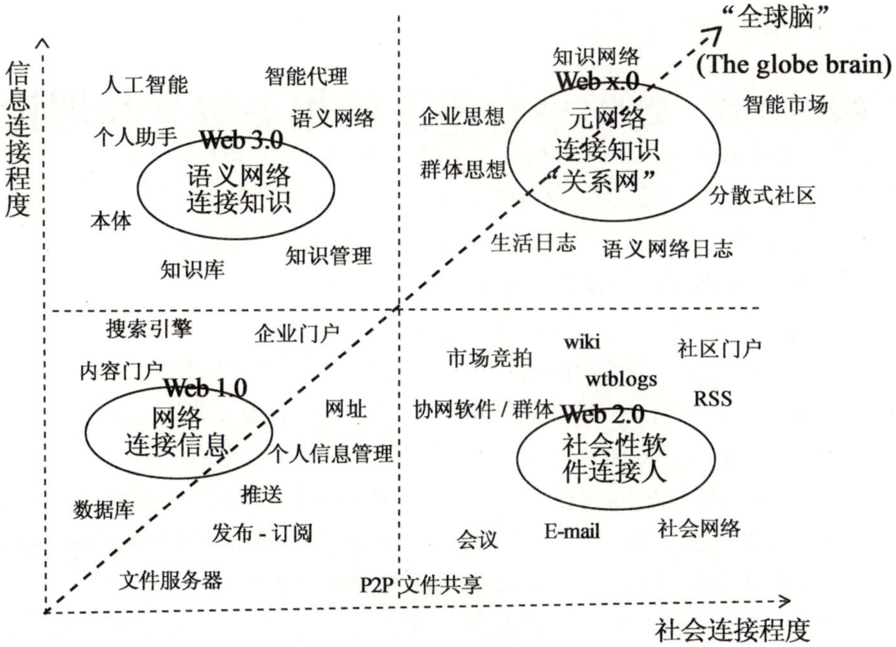

图 2-1　Web 各阶段核心理念及环境支持

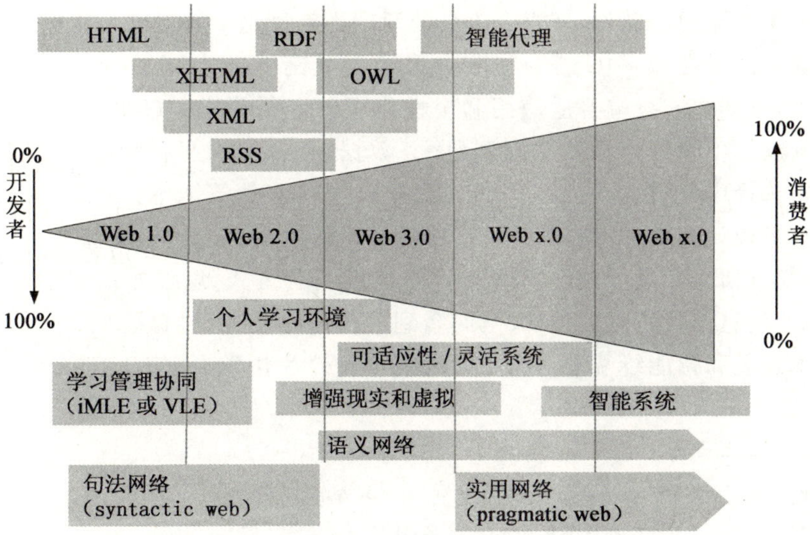

图 2-2　技术环境变迁

展;学习系统环境从学习管理协同走向个性化、虚拟化、可适应化、智能化;其开发语言由 HTML 逐渐升级发展为 XHTML、RDF(Resource Description Framework)、WOL(Web Ontology Language)①。

移动、互联、智能、协同是 Web 3.0 技术影响下 E-learning 的显著特征。其中,移动学习是 E-learning 学习模式的重要突破和补充,学习的移动性极大解放传统固有的学习行为模式。互联体现在通过学习者与学习者、资源与资源、学习者与资源的连接使得人们可以随时随地获得适需学习资源。因此,Web 技术发展促进学习方式转变,并对学习资源有着新需求。

(2)移动互联技术的应用与影响

移动互联技术发展与应用的显性表现是移动终端市场的扩大及移动设备的推广应用。DCCI2016 中国移动互联网调查数据显示,中国智能手机保有量逐年攀升,2015 年智能手机保有量已达 8.8 亿部,2016 年达 9.8 亿部,智能手机成大众化设备,超过一半的用户说随着他们使用手机时间的增多,使用电脑的时间减少了。移动互联技术的支持和新媒介工具在学习中的运用。移动互联网出现带来移动网和互联网融合发展的新时代,移动网和互联网的融合促使网络和学习终端多层面融合。因此,移动互联网为学习者提供了智能网络学习空间,使学习生态化、联通化和多元化。在以学习者、学习资源和媒介为核心的学习活动系统中,三者不再是单向连接交互,移动互联学习环境为其提供了 9 种全面交互通道,真正实现学习活动系统的生态流通。此外,新媒介工具的涌现为碎片化学习提供多样化学习平台。移动互联网产业在 3G/4G 普及和推动下,之前受制于流量和网速的各类服务得到快速发展,比如智能终端普适应用和个性化服务定制等。2011 年 4 月,尼尔森在线研究开展一项中国移动互联网调研②。数据表明,中国互联网用户在各类移动上网设备选择中,手机上网以 93% 占据榜首,紧接着是笔记本计算机(81%)以及上网本与平板计算机(24%,23%)③。移动互联网使用户接触和使用网络时间碎片化,打破媒体惯性和用户共性的约束,对人自身行为方式、思维方式、表达方式等带来影响;使信息消费从只关注“大空间”,到关注随时变化的“微空间”。因此,移动互联技术发展和智能终端学习应用促进学习者碎片化学习,使学习方式产生重要转变。

---

①王觅. E-learning 3.0:移动互联的学习新范式. 世界教育信息,2013(1):25-29.

②官建文,胜宏. 中国移动互联网发展报告. 北京:社会科学文献出版社,2013.

③尼尔森在线研究. 尼尔森在线研究洞察:用户时间碎片化和需求特点对移动互联网发展的影响. 广告人,2011(8):142-143.

2. 技术发展下的碎片化学习

(1)技术促进的碎片化学习环境

碎片化时代下所涌现的丰富技术及工具促进了学习环境碎片化,为快节奏生活的人们提供了丰富学习环境。它消除了学习时空限制,通过整合提供了数字化资源环境和广阔学习空间。互联网、蜂窝移动网络与无线数字通信技术的发展极大地缩短了人与信息、人与人、信息与信息之间的距离。尤其随着普适计算和泛在网络的推广运用,所有信息资源均在云端,使信息资源呈现扁平化和碎片化。人们通过多样化媒体终端,实现随时随地按需学习,通过网络学习共同体和学习社区进行多样化学习。因此,技术发展促使碎片化学习环境形成,使人们利用碎片化学习资源和多样化媒体终端实现随时随地的碎片化学习。网络的推广运用,所有信息资源均在云端,使信息资源呈现扁平化和碎片化。人们通过多样化媒体终端,实现随时随地按需学习,通过网络学习共同体和学习社区进行多样化学习。因此,技术发展促使碎片化学习环境形成,使人们利用碎片化学习资源和多样化媒体终端实现随时随地的碎片化学习。

信息技术支持下学习内容呈现碎片化趋势。知识历经了从分类、层级到网络和生态的变革,这种变革改变了组织空间和结构。课程不再是静态的唯一权威,即便是在线学习课程也不再是从前的函授模式,它包括借助实时的网络会议工具、广播、电视、在线聊天、移动手机以及其他智能终端等技术支持的课程[①]。因此,更多学习内容从认知能力取向走向实践能力和社会化取向,从权威的规整化、结构化到碎片化、网络化和分散化。

(2)技术干预下学习认知注意力碎片化

技术高度干预下的碎片化知识影响着学习者认知注意结构。无论是 learning from technology,还是 learning with technology,技术都对学习过程起到积极干预和消极干预。技术发展可以分为工具使用、技术统治和技术垄断三个阶段。学习文化也分为相应的三种类型:工具使用文化、技术统治文化和技术垄断文化[②]。技术垄断时期,技术与学习者关系完全颠倒,学习者的学习行为习惯受到技术的重要影响和牵引,认知方式和认知风格亦受到影响。在网络学习环境中,学习者认知注意力在技术干预的影响下呈现碎片化,其显著表现特征是持续注意力时间变短、注意力稳定性变弱。碎片化注意力提高学习者学习过程“入境”和“出境”频率,对注

①G·西蒙斯.网络时代的知识和学习——走向联通.詹青龙,译.上海:华东师范大学出版社,2009.

②尼尔·波斯曼.技术垄断——文化向技术投降.何道宽,译.北京:北京大学出版社,2010.

意力持续性和注意力广度产生重要影响。《哈佛商业评论》前执行总编尼古拉斯卡尔曾讲述技术对其注意广度的影响："我觉得我不再像以前那样思考了，阅读时这种感觉尤其强烈。沉浸于阅读一本书或者一篇长文章在过去很容易，我的大脑可以把握住作者叙述或论证的转折，我会连续数小时通读一大段文章。现在已经几乎很少发生这种情形了，现在读两三页之后我的注意力就开始分散，变得烦躁，跟不上作者的思路，开始去寻找别的东西，我觉得自己总要去把大脑拉回到书本上去。过去很自然地就能深入阅读，现在却要花很大的力气。"

美国一位科学家试图从医学原理分析技术环境中"超链接"对注意力的碎片化[①]。他认为"超链接"引向的各式信息能够激起人体多巴胺（一种神经传导物质），使人产生探索新鲜事物的兴奋，进而对点击一层又一层的链接上瘾。然而，人类大脑每秒钟只能处理110字节的信息，于是在频繁点击之后，人的注意力将超负荷，变得散碎而容易遗忘。尽管这位科学家的论证是一家之言，然而不可否认的是"超链接"带来的去中心化信息流确实带来一种支离破碎的浏览方式。它很容易，"肢解"人们注意力，使人们注意力碎片化，从而扰乱秩序与目的性。

2.1.2 网络教学平台与精品课程

网络教学平台是在原来教学系统的基础上，从对教学过程（课件的制作与发布、教学组织、教学交互、学习支持和教学评价）的全面支持，到教学的组织管理（用户与课程的管理），再到与网络教学资源库及其管理系统的整合，集成了网络教学需要的主要子系统，构建了一个比较完整的网上教学支撑环境。搭建各门课程的网络教学实施平台，将新课标的诸多教学要求固化在网络教学实施平台中，按照一定的探究路线和操作流程，为老师提供教学助手和工具，给学生提供探究平台，让老师具有"三头六臂"，让教师做他"应该做的""能够做的""必须做的"事情；变封闭式课堂为开放式课堂，引入网络教学是对传统教学的一个挑战。

精品课程是2003年4月8日，教育部《关于启动高等学校教学质量与教学改革工程精品课程建设工作的通知》要求建立各门类、专业的校、省、国家三级精品课程体系。建设内容包括：课程所在学科的规划，师资队伍建设，教学内容及课程体系建设，教学方法与手段建设，教材建设，实践教学基地建设等。聚集优质的教育资源，提高课程教学质量，使学生得到最好的教育，并可以在更大的范围内得到教

①"超链接"森林里的探险[EB/OL]. http://www.fsonline.com.cn/articles_2542.html. 2012-5-1.

学共享的一项教学创建活动。它的宗旨是培养满足国家和地方发展需要的高素质人才。

2.1.3 微课

国内关于微课(Mini-Course)的概念众说纷纭,从名称上看,就有“微课”“微内容”“微视频”等不同提法;从内涵上看,有的注重资源,有的注重内容;有的注重时间,有的注重形式。新加坡南洋理工大学国立教育学院对 Micro Lesson 的定义为:运用计算机通信技术(ICT)来达到特定目标的小教学材料,其一般建立在一系列半独立性的专题或单元中,持续时间比较短,一般只有 1～2 个学时,教学的组织规模也比较小。

笔者比较赞同的观点是,微课程的核心是以教学与辅导资料为辅助的课程资源。微课不仅能阐述讲解教科书中的某一章节或某一知识点,也能是生活中的基本常识或人文体育,或是技能培训、考试培训等。

综合分析微课的相关定义,笔者发现,微课运用于不同环境有不同的特征,本文关注微课在高校教学中的应用,因此,笔者尝试总结了微课在高校教学领域中应用的几个主要特征。

1. 教学目标清晰

微课是根据详细的某一知识点或课程中区分成的一类碎片化的具体学习资源,是为某一单一且问题明确的知识点产生的,因此,以小做微,以微见精深是其要点。

2. 内容短小精悍

微课对于常规课程比较简短,一般在 3～5 分钟时间集中搞定一个知识点。时间短内容就要精炼,不仅仅体现“微”这一特点,更要体现“精”这一特色。要具备问题意识,找到知识点的核心所在。

3. 具有一定的半独立性

微课是实际教学的补充,一来必须与课程教学之间有互补提高的关系,二来由于教师、学生、教学实际存在的客观差异,每个设计者都可以充分利用和发挥自己的特长设计微课。

4. 具有一定的灵活性

微课以其内容短小精悍,载体以视频为主要的特点普遍适用于在线学习、移动学习和混合学习,使得学习越来越自由,方式越来越灵活。

2.1.4 微学习

微学习也称为“微型学习”，是“网络学习时代的移动化、个性化学习形式，是一种非正式学习的形式”。奥地利学者林德纳于2004年提出了微型学习（Micro-learning）的概念，并将其表述为“一种存在于新媒介生态系统中，基于微型内容和微型媒体的新型学习”。微学习的移动性特征可以满足处于动态中的学习者的需求，它的微型特征可以为学习者充分利用碎片时间进行学习提供便利，其泛在性与交互性真实体现了人类按需学习的理想。微学习有两个必要的要素。

1. 微型内容

界面简洁，内容短小，具有单独化、碎片化的特点。

2. 微型媒体

移动电子终端，如智能手机、itouch、平板电脑、psp等；使用新型的知识组织结构，内容呈现符合非连续原则、激发随机参与原则等。

2.1.5 翻转课堂

翻转课堂的概念是北美教育界提出来的，成为颠覆传统教学流程的一种新教学模式。翻转课堂是由课程教师提供以教学视频为主要形式的学习资源，把知识传授的过程从课堂翻转到课下，学生在上课前完成对教学视频等学习资源的自主学习，而把原来通过课外作业和练习等来完成的知识内化过程放到课堂上，课堂的大部分时间用于学生的作业答疑、小组的协作探究以及师生之间的深入交流等。“翻转课堂”将传统的“教师讲授＋学生课外作业”的教学过程转变为“学生课外自主学习＋师生课堂交流探究”，因此，必须以完整的课外学习资源为支撑，其中最为重要的就是一种短小精悍的教学视频（也不是“微课”），通常针对某个特定的主题，长度维持在10分钟左右，可通过媒体播放器控制播放过程，便于学生在学习过程中做笔记和进行思考，在遇到问题时可以通过网络与教师或同伴进行在线交流寻求帮助，还便于学生进行阶段性的复习和巩固，非常有利于学生的自主学习。

随着网络与科技在教育领域的发展，“翻转课堂”的教学模式变得实际和适用。用户通过网络可以下载观看所有的网络教学课程信息，包括视频教材、微信公众账号分享的课程资源、博客资源知网论文资源、手机教学app软件、电子书。教师不再占用课堂的时间来讲授信息，他们的任务是去帮助学生理解问题和指导学生熟练掌握知识。翻转课堂运用网络课程资源，使学生的学习主动权掌握在自己手里。翻转课堂具有以下特征。

1. 教学视频短小精悍

通常的视频教程都只有 8 分钟左右的时间，稍长一点的视频也在 20 分钟以内。课程视频有针对性的根据某一知识点而制作；网络上的微课程，可以回放、暂停、测试练习、检查观看时间等许多功能，能够监控管理学生的自主学习过程。

2. 教学信息清晰明确

微视频中主要呈现的是与教学信息高度相关的内容，如以教师讲解为主的配有字幕或 PPT；以思维推理为主的，主要呈现的是画笔，在电脑屏幕上模拟黑板，不停地书写公式或解题步骤，再配上老师讲解的声音；以观看为主的，主要是呈现用 Flash 做成的动画，伴有教师讲解的画外音。

3. 重新建构学习流程

教学通常包含感知信息和加工信息两个过程。“感知信息”是学生在课前完成的，老师应在网络上传微视频，补充“学习共同体”，并上传自测练习；“加工信息”是在课堂和课后逐渐完成的，课堂上的质疑答辩有助于学生高阶思维的发展，课后任务驱动有助于学以致用。

4. 复习检测方便快捷

基础知识的测试题线上就能完成，学生可以多次选择做练习题；开放性问题有专题谈论区，无论何时提问，线上总有爱好者回答你的问题。在线完善评价体系，用数据支撑的评价体系检测分析学生在学习环节中的完成状况，帮助教师了解学生学习情况。

2.1.6　微课程与传统课程的区别

微课程与传统课堂课程资源相比，是对原有课程资源的再开发。传统的课程资源，根据教学任务分解成相应的课时课程，微课程再将每一课时课程根据重难点“微课化”。微课程与传统课程资源有着很大的不同，具体如表 2-1 所示。

表 2-1　微课程与传统课程的区别

项目	传统课程	微课程
课程环境	时空一致，教与学同时进行	时空分离，学生课后学习
课程设计	以整节课或单元为单位进行设计，注重教师的“教”	以某个知识点或教学环节为单位进行设计，注重学生的“学”
课程内容	以教学大纲为主，对课程内容进行全面讲解	有明确的课程主题，课程内容相对独立

续表 2-1

项目	传统课程	微课程
课程结构	课程结构固定，交互性差，难以扩充和修改	课程半结构化，易于修改和补充，交互性好
课程形式	以课堂讲学为主，PPT 等多媒体辅助教学	以微视频为主，包括微课件、微练习、微讲座等
课程功能	应用于传统课堂教学	可应用于在线学习、移动学习、远程学习等
课程时长	45 分钟左右	3～15 分钟

2.1.7 微课、慕课与网络课程

随着开放和共享教育理论的推广，MOOC(Massive Open Online Course，大量的在线开放课程)这一云时代智慧教育需求下兴起的新课程逐渐走入人们视野，它是通过云计算平台使名师的授课覆盖传统意义上难以企及的受众人数。MOOC 最早由加拿大学者 Dave Cormier 和 Bryan Alexander 提出的①。它不仅可以聚集学习内容和学习者，而且可以通过共同话题或某一领域的讨论将教师和学习者连接起来②。它具有开放性、大规模、自组织和社会性等特点，具有汇聚、混合、转用、推动分享的原则③。与慕课一样，微课也主要以微型视频的形式通过在线平台展出，教学方法多样，以讲授型、演示型、实验型为主，也可以应用于翻转课堂教学，并且有课程主题相匹配的练习测验等。很多人会将微课与慕课混为一谈，其实两者之间仍然存在有许多不同之处，如表 2-2 所示。

广义的网络课程是指通过网络平台来传播和学习的某一门课程。广义上来说，微课和慕课也属于网络课程的范畴，都是通过网络平台来传播和学习的课程资源。狭义上来说，网络课程一般是指传统的视频公开课，包括主要以视频课件的形式发布在网络上的公开的学习资源，是完全生硬地照搬课堂教学形式，不强调互动和反馈。视频公开课不包括学习活动和课后练习，也没有学分和证书提供，时长也没有限制，不像微课直入主题，短小精悍。视频公开课仅仅是一段有关课程的视频

①Alexander McAuley, Bonnie Stewart, George Siemens, Dave Cormier. The Mooc Model for Digital Practice[EB/OL]. http://www.elearnspace.org/Articles/MOOC Final.pdf. 2011-1-10.

②WIKI. Massive Open Online Course[EB/OL]. httpa/en.wikipedia.org/wiki/Massive open online course. 2012-9-12.

③李青，王涛. MOOC：一种基于连通主义的巨型开放课程模式切. 中国远程教育，2012 (3)：30-36.

资源，发布在网络上，有一定的开发性和共享性，但是没有微课的互动性和针对性，也不是特定的辅助教学资源。

表 2-2　微课与慕课的区别

项目	微课	慕课
教学目标	达到常态课要求的教学目标	多层次目标，根据学习者自己来定
教学对象	基本固定的受众对象，人数无具体要求	大规模对象，任何有兴趣的人都可参加
教学内容	与常态课程相关的辅助性教学资源	主题多样，多层次
学习活动组织	快速切入主题，加强对教学内容的认识	没有特定组织形式，较随意，强调互动
证书认证	没有特定的证书认证	提供课程认证证书

2.2　相关理论

2.2.1　皮亚杰建构主义理论

瑞士心理学家皮亚杰发展起来的建构主义理论在许多方面为基于工作过程为导向教学模式的学习提供了理论依据。在对儿童智力发展的解释方面，皮亚杰认为儿童天生是具有好奇心的，他们不断地努力了解他们周围的世界。正是这种好奇在激励他们积极地在他们的头脑中构建他们所体验到的周围环境的认知图式，而且这种图式随着他们的成长与更多的知识和记忆能力的获得，正是他们这种想要了解周围世界的心理要求，激发他们去研究和构建他们自己的理论并用以对之做出解释。皮亚杰指出，好的教学必须把学生置于现实的情境中，要他们对事实进行尝试，以观察它到底发生了什么，并对事物及符号进行亲自操作、提出问题并亲自寻找问题的解答，从而学会核查他的某一次实验与另一次完全相同的实验所发现的结果之间的关系，能比较他自己的发现与别人的发现之间的异同。

建构主义学习理论的基本思想：①知识不是通过教师讲授得到的，而是学习者在一定的情景即社会文化背景下，借助于其他人（包括教师和学习伙伴）的帮助，利用必要的学习资源，通过意义建构的方式获得的。②“情境”“协作”“会话”和“意义建构”是学习环境中的基本要素。③学习者是信息加工的主体，是意义的主动建构者，而不是外部刺激的被接受者和被灌输的对象。学习意义的获得，是每个学习者以自己原有的知识经验为基础，对新信息重新认识和编码，建构自己的理解。同化和顺应，是学习者认知结构发生变化的两种途径或方式。同化是指学习者把外在的信息纳入到已有的认知结构，以丰富和加强已有的思维倾向和行为模式。顺应是指学习者已有的认知结构与新的外在信息产生冲突，引发原有认知结构的调整或变化，从而建立新的认知结构。

根据建构主义学习理论，教师是教学过程中的组织者、指导者和知识意义建构的帮助者、促进者，而不是主动施教的知识灌输者；学生是知识意义的主动建构者，而不是外界刺激的被动接受者、知识的灌输对象；教材中所提供的知识是学生主动建构的对象，而不是教师向学生灌输的内容；媒体是创设学习情境，学生主动学习、协作、探索和完成知识意义建构的认知工具，而不是教师向学生灌输所使用的手段和方法。

从以上可以看出：建构主义强调以学生为中心，把“情境”“意义建构”等作为学习环境中的几大要素。强调学习环境中的情境必须有利于学生意义建构，使学生真正进入教学的真实情境，从情境中发现问题，通过学习者的自主探索、相互协作，对学习资料进行搜索与分析，从而提出设想和进行验证，这样不断地探究问题，最终解决问题，发现规律以及对某些学习成果的意义进行评价。

2.2.2　布鲁纳的发现学习理论

布鲁纳是美国当代著名的研究儿童认知发展与认知学习的心理学家和教育家。布鲁纳强调学习是一种积极的认知过程，注重掌握学科的基本结构，而不是现成的答案，倡导知识的发现学习。他所说的发现不限于发现人类尚未发现的事物，而且包括让学生自己独立思考，去发现教材的结构、结论和规律的过程。这种学习方法，要求学生像科学家一样去思考、探索未知，最终达到对知识的理解和掌握。

“发现学习”是布鲁纳为了改革美国的中小学教育而建构的一种学习理论，它既是一种学习方法，又是一种教学方法。发现学习教学模式强调要帮助学生理解学科的思想和结构。认为学生应积极地参与到学习过程中来，真正的学习来自于个人发现。教育目标不仅是增加学生基础知识的量，而且要为学生的发现和发明创造条件。发现学习强调归纳推理和探究过程这两种科学研究方法的应用。布鲁纳提出一个支持现代基于问题的学习的重要概念——“脚手架”思想。一个学习者通过教师或者同伴的帮助，掌握其发展能力之外的特定问题的解决方法。布鲁纳认为，学生在学校内外所进行的社会交往对他们获得语言和问题解决行为的发展有很大作用。学生之间小组合作有利于他们各自的认知发展。

从以上我们可以看出，发现学习与基于工作过程的学习具有很强的联系。二者都强调学生积极参与构建自己的知识结构，都强调归纳推理方法的应用。在对教师的要求方面，都主张教师不直接奉送真理，而是给学生提出问题，让学生获得他们自己对问题的解决，这种方法在教学中证明是有效的。但值得注意的是二者也有区别。发现学习大都是以某一学科中的问题为出发点，学生的探究过程是在教师直接指导下于课堂中完成；而基于工作过程的学习却是从学生真实工作中的对他们有意义的问题为出发点，学生可以自由选择感兴趣的问题或问题的某一方面进行探究。因为这些问题是真实生活中的问题。

2.2.3　联通主义学习理论

由乔治·西蒙斯 2005 年提出的联通主义学习理论作为 Web 2.0、社会媒体等技术以及知识更新速度日益加剧背景下催生出的重要学习理论，从全新的角度提出了解释开放、复杂、快速变化、信息大爆炸时代学习如何发生的问题，其理论主张可以很好地用来解释在去中心化、时空离散、知识碎片化等特征下的网络学习，一些学者甚至认为联通主义在关于网络环境下的学习过程的表征是优于建构主义的。纵观现今网络学习的整个过程在经历着个性化与多元化的变革，而在这种新型的形态下学习理论也随之进行着发展。我们可以很好的利用建构主义相关学习理论来描述人的学习与深层次建构的过程，而在效率加速、信息爆炸以及去中心化的社会认知网络中，知识的传递与筛选同样需要我们去重点关注，联通主义最为关键的观点认为我们在信息传递中，应当首先学会如何在互相交互之中去建立自己的知识网络。笔者认为知识的获取传递与知识的建构是需要分别看待的，而两者的优先级在网络学习中是同等重要的，Mayes 在梳理终身学习所需能力时曾强调联通主义对于帮助学习者准备未来与社会接轨的能力时有很好的促进作用，Higgins 在激发青少年潜能发面也谈到了联通主义指导下的学习计划鼓励学习者的积极参与与共同创造，这对学习者学习如何学习起到了关键的支撑。

社会建构主义很好地解释了情境的变化对个体建构的影响，但是随着现阶段人们网络行为逐渐增多，人们的知识网络也愈加复杂，如何理解其中的信息流及资源配比对智慧学习及支撑空间设计也存在重要影响。联通主义对知识的联通、信息的传递等次时代网络进程方面有很多的探讨，在“空间模块关联性设计”“学习资源结构性调整”“资源呈现、传递与吸收”以及“学生网络环境下的信息加工”等方面有很好的指导性作用。

其实联通主义与建构主义在某一角度来说可以看作是互补的存在，“管道要比管道里的内容更重要”只是相较于内容本身而言，这并不影响获取知识后的建构过程。联通主义也同样一直强调要“不断完善自己的内外网络”,“学习存在多样与连接性”、“学习能力比掌握知识更重要”等与教学论相适应的几项重要观点。此外联通主义关于终身学习以及终身能力培养方面的研究也做出了一定的贡献,而由于其自身的合理性与全面性对我们在进行构建智慧学习中的协作与交流机制提供了很好的理论依据。

2.2.4 人本主义学习理论

人本主义心理学源于 20 世纪 50 年代的美国,其创始人为马斯洛和罗杰斯。人本主义学习理论认为每个人都有学习的潜能,即在合适的条件下,每个人所具有的学习、发现、丰富知识与经验的潜能是能够释放出来的。学习是个人潜能的充分发挥,是人格的发展,是自我的发展。学习的实质在于意义学习,这种意义学习不仅包括理解和记忆的过程,而且包括了价值、情绪的色彩,这种学习以个体的积极参与和投入为特征,是一种自发、自主、自觉的学习,是从自我实现的倾向中产生的一种学习。人本主义学习理论突出学习者的中心地位,偏重于人格的完满和学习者主体性的发挥等方面,以罗杰斯(C. Rogers)的理论最具现实教学意义。

人本主义学习理论的核心,就是让学生自由学习。任何教学的目的都是促进学习,帮助学习者自我实现。学习者是学习的主体,有助于学生学习的最有效方法是:构建真实的问题情境、提供学习的资源、分组学习以及同伴教学。人本主义重视师生关系、强调学习过程,提倡以“学习者为中心的“非指导性教学”。他们认为:教师应该相信学生自我发展的潜能,教师的作用是“助产士”“催化剂”,而不是权威。学生要成为学习的中心,首先应该知道“他是谁”,教师可以通过动作、与别人的关系和内在的自我三个方面来认识自己。人本主义关于在学习过程中教师角色的观点,即教师不应该是一个教师而应该做一个教学过程的促进者的说法,已经被今天的教育者广为接纳并沿用下来。人本主义要求问题的设计应基于学生的经历,切合学生的实际,贴近学生的生活。人本主义学习理论的特点是重学习的情感因素,这些思想对建构主义也产生了一定的影响,为基于工作过程为导向的教学模式提供了理论依据。

第3章　精品课程网站的设计与开发

本章以高校精品课程建设为背景，论述基于B/S结构的网站的设计原理及方法。实现了资源共享，师生互动等功能的精品课程网站的设计与开发，体现出了精品课程网站在高校课程建设中举足轻重的地位，也让更多的用户体验到精品课程网站的实用性。

3.1　精品课程网站开发的必要性分析

随着科学技术的发展，我们的生活日新月异，在这个分秒必争的时代，以网络化、数字化、多媒体化和智能化为代表的现代信息技术正在改变着人们的工作、学习与生活方式，也给教育的内容和发展带来了新的发展空间。课程是教育的核心和灵魂，为适应形势发展的需要，我国高等教育也在不断地进行变革。我国的网络教学起步较晚，在1994年CERNET（“中国教育和科研计算机网络”）建成后才开展的。很长一段时间，对于网络教学，还没有精品课程这个概念。而随着网络教学的发展，精品课程开始被提上日程，国家现在特别重视精品课程的建设问题。目前已有大约750门国家级精品课程上网，为实施和推广精品课程、全面提高教学质量提供了样板。各省、市院校也建立了自己的富有特色的精品课程网站。这些优质的课程资源，已经为其他高校的教学工作起到了先锋模范的样板作用。针对我们教育的现状，现在通过精品课程的建设来解决我国在教育上的窘状，同时也解决网络教学中教学网站的一些缺点。精品课程建设是创建世界高水平大学教学质量与教学改革工程的重要组成部分，在学校课程建设中起到龙头和示范的作用。精品课程的建设对于共享全国优质教学资源，扶持中西部教育发展具有重要意义，国家正在投入大力气来做这方面的工作，教育部出台了很多的文件来让各大高校来执行这件事情。如《教育部关于启动高等学校教学质量与教学改革工程精品课程建设工作的通知》（教高[2003]1号）精神，为保证国家精品课程建设的顺利实施，特制定《国家精品课程建设工作实施办法》。通过这些政策的出台，使我国精品课程建设有很大的发展。

精品课程的建设目标是建设具有一流教师队伍、一流教学内容、一流教学方法、一流教材、一流教学管理等特点的示范课程。精品课程是教育部深化教学改革，以教育信息化带动教育现代化的一项重要举措。它将引导广大高等学校进一步巩固教学工作的中心地位，在切实加强教学建设、提高教学质量的基础上改善、加强高校信息化条件建设，利用现代化教育信息技术手段将优质的教学资源上网并共享，使全国其他高校在实施同类课程教学的过程中能够借鉴、使用这些优质的教学资源，在更大范围内提高高等学校的教学和人才培养质量。精品课程的建设是学校课程教学工作中一个重要的内容，为了使学生和老师之间有多角度，多渠道的沟通，以及及时、有序和高效地完成教学任务，及时了解学生当前的状态，精品课程的建设就显得尤为重要。

在国外无论是教师与学生，还是学生之间，交互是整个网络课程中必不可少的环节，不仅能使学习者通过和别人（教师、同学）的交流促进对知识的理解和运用，更在交流中实现情感和人格的完善，即精品课程网站研究一直都在进行并且不断取得进步，特别是西方发达国家，他们在精品课程的理论研究与实际运用方法积累了大量的经验，随着对各种学习观念的深入研究，国外的人们更加认识到，网络课程不是将教材的内容原封不动的搬到网上，而是要发挥网络的特点，为学生创设一个虚拟的学习环境。建构主义的学习理论强调要以学习者为中心，学习的发生是学习者与周围的环境交互的结果，在这个环境中，应该有促进学生学习的各种工具和资源。在传统的课程中，有教师、同学、课本、图书馆、实验室等各种各样的资源，而在网络中，如果忽视了对虚拟环境的设计，那么学生的学习就会变得乏味无趣，根本无法保证网络课程的学习效果。

高等教育需要精品课程，因为它能使学生体验到先进的教学方式，获取大量的学科前沿信息，使他们的学习内容更加丰富，知识面更加宽广，能更快地提高自身的综合素质和能力，适应飞速发展的科学要求及学科之间日趋明显的交叉融合的趋势。可以说，精品课程的数量和质量直接地影响到能否打造出符合未来社会发展需求的人才。因此，探索和研究精品课程网站建设的设计原则以及设计、开发的方法，将对网络教育、终身教育以及充分发挥优秀教育资源的价值有很重要的指导意义。再者，我国是发展中国家办大教育，而且是世界上最大规模的教育。人民群众不断增长的教育需求同教育供给特别是优质教育供给不足的矛盾，是现阶段教育发展面临的基本矛盾。教育投入严重不足，教育基础设施和教师队伍的水平都远远不能适应教育现代化的要求。要在高等教育规模持续增长的情况下，继续保持教育质量的不断提高，是我们面临的前所未有的严峻挑战。网络教学是缓解这种现状的一个方法，而精品课程为网络教学提供了一个很好的网络教材，使网络能够很好地教学。网上的资源通过教学网站来进行发布，有条件的学生可以通过学习教学网站的课件来学习，这样不用实时实地地进行学习，使学生可以更好地分配时间来学习。精品课程的建设极大缓解了我国教育力量不足的压力。

3.2 精品课程网站系统需求分析

精品课程网站的需求分析，主要讨论网站设计目标、网站功能需求分析、用例模型等。

3.2.1 网站设计目标

本文构建的精品课程网站实现了网上资源共享、师生交流等功能，该精品课程网站是基于 B/S 结构，即采用浏览器/服务器模式，服务器端由运行 JSP 的 Web 应用程序及运行 MySQL 的数据库服务器组成，客户端可以用 Internet Explorer 访问网站。

1. 用户角色

本网站用户角色主要有三类：网站管理员，教师，学生。其中：

(1)网站管理员权限

管理员可以实现管理用户权限，对网站内容，如：通知新闻、课程资料添加、修改、删除等操作。

(2)老师权限

上传资料，回答学生提出的问题。

(3)学生权限

下载课件，学生可以根据自己的需求随意查看网上的资源，发表留言，有不懂的知识点留言之后由教师回答。

2. 功能分析

网站应具有良好的安全性、可靠性、实用性、可移植性和可维护性等，为满足用户需求，网站所需要的功能如下：

(1)注册登录部分

无须注册可以浏览网站，而教师和学生只有注册登录后才能拥有自己的权限对网站进行操作，如学生用户可以提出问题，下载网站资源等。

(2)课程建设

课程建设包括课程简介、课程建设特色等内容,可以增加学生对该门课程的了解。

(3)教学大纲

放在单独的页面中,以便学生了解本门课程的重、难点,方便学生学习。

(4)通知新闻

通知新闻以列表的形式显示在首页中,总是显示最新的几条。

(5)网上课件及媒体资源

都是电子版的学习资源,不同之处在于网上课件都是基于某本课本的教学资源,而媒体资源则是来自各处的,但都是关于该门课程的学习资源。

(6)作业发布

教师可以上传作业。学生可以把作业下载后进行自测。

(7)留言交流部分

学生可以提交问题,然后由老师进行回答。只有登录之后,才能进行提交问题的操作。

3.2.2 用例模型

1. 管理员用例图

管理员是网站的管理者,实现各种资源的管理:增、删、改。管理员拥有网站的最高权限,可以添加和取消其他用户的功能权限。具体用例图如图 3-1 所示。

图 3-1 管理员用例图

2. 教师用例图

老师可以进行上传课件，回答学生问题，发布通知等操作。具体用例图如图 3-2 所示。

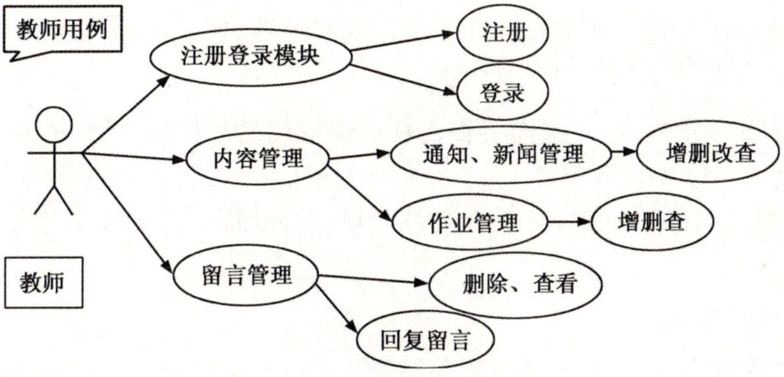

图 3-2　教师用例图

3. 学生用例图

学生主要的权限依据精品课程网站的需求分析主要是查看通知新闻，下载课件，发表留言等。用例图如图 3-3 所示。

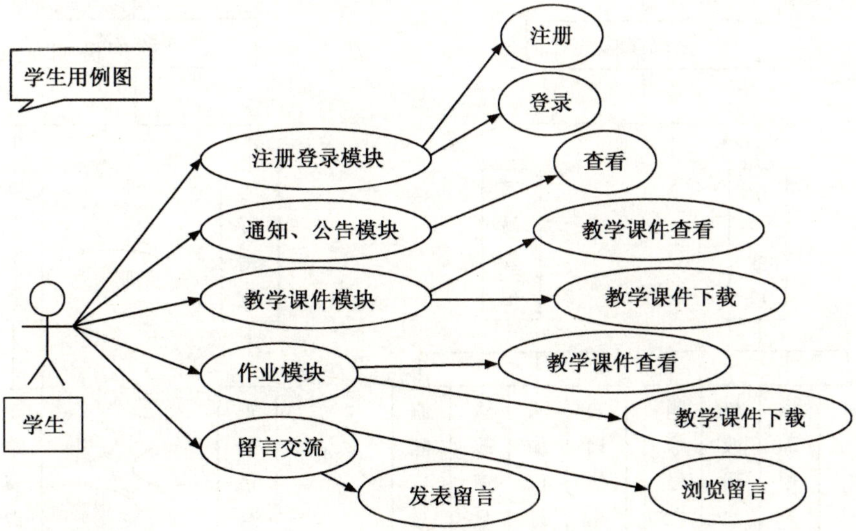

图 3-3　学生用例图

3.3 精品课程网站概要设计

3.3.1 网站概要设计

根据前面的分析，接下来需要提出精品课程网站的模型，并将在此基础上利用 JSP 技术和 MySQL 数据库构建一个开放的、交互式的、资源共享的教学网站。网站总体设计采用面向对象方法，从网站功能图，处理流程图等方面做了设计与分析。

1. 网站功能图

网站主要分为两个部分：网站管理部分和页面浏览部分，如图 3-4 所示。页面浏览部分主要实现通知新闻，教学课件等的显示及某些资源的下载，还提供留言交流模块，实现老师和学生的互动；网站管理部分主要实现信息的发布、修改、删除以

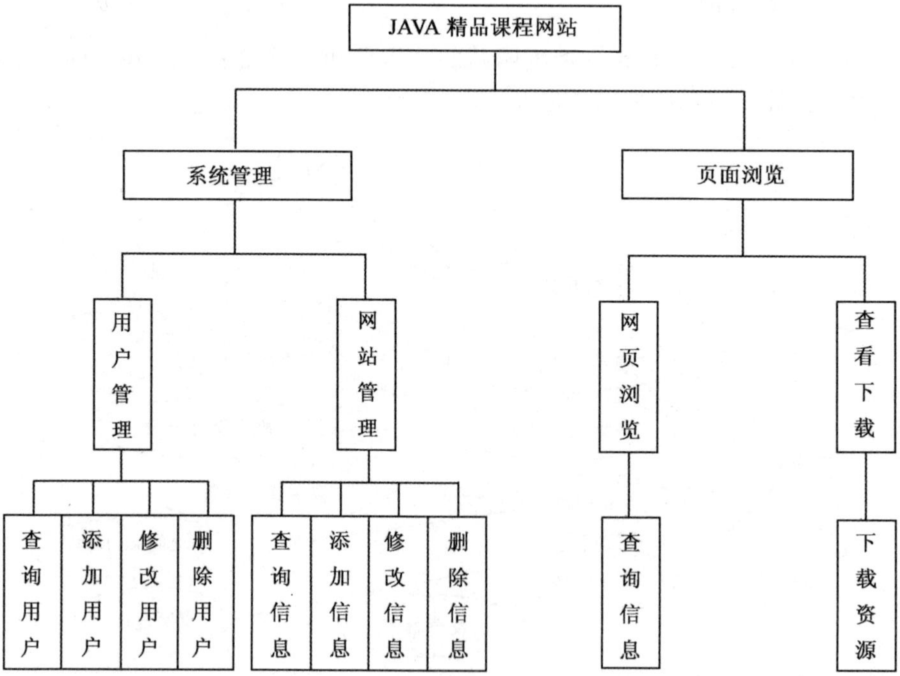

图 3-4 网站功能模块图

及管理员对用户的管理。

2. 网站处理流程图

网站主要流程是用户登录，然后各个用户角色根据自己的权限进行操作，最后退出网站，如图 3-5 所示。

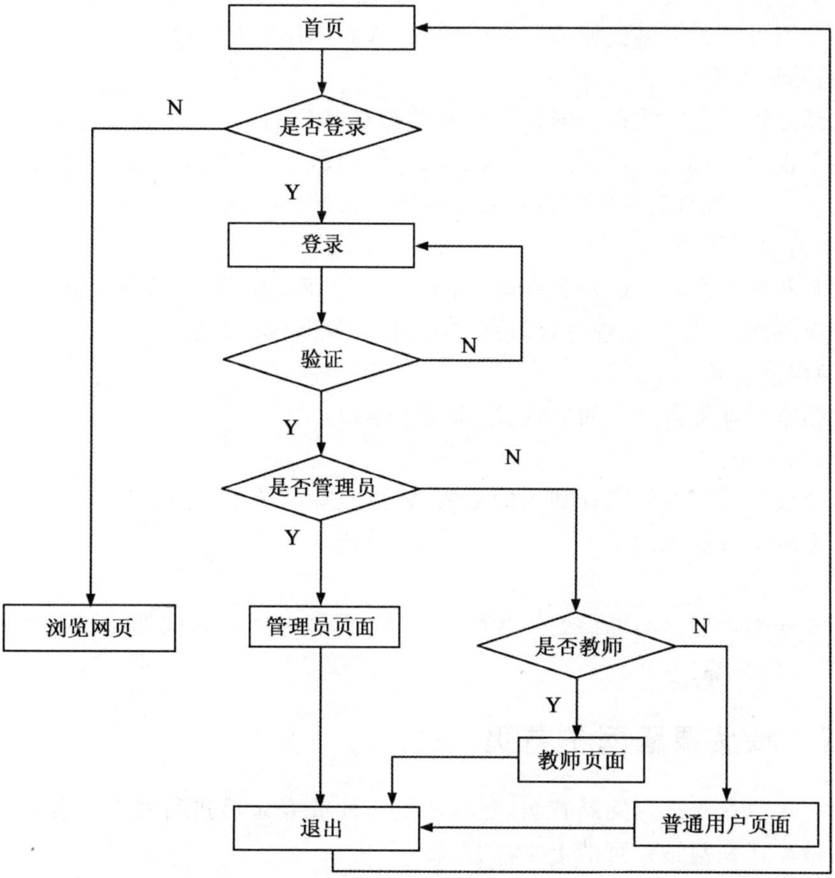

图 3-5　网站流程分析图

3. 网站结构分析

本网站从功能上划分可分为以下几大模块：后台管理、课程建设、教学大纲、通知新闻、授课教案、网上课件、留言交流等几大模块。以下将对各子模块进行说明。

(1)后台管理

组权限管理:对用户进行分组,并将权限设置到不同的用户组。

后台管理及权限设置主要是由网站管理员来进行操作。

(2)课程建设

其中包括课程简介、课程建设规划、课程建设特色、课程来源处等内容,通过一系列的介绍可以让学生更加了解本门课程,从而选择学习资源。

(3)教学大纲

主要是针对本门课程根据教学计划的要求制定的,它是实施教育思想和教学计划的基本保证,是进行多种媒体教学、教材建设和教学质量评估的重要依据,也是指导学生学习,制定考核说明和评分标准的指导性文件。

(4)通知新闻

教师和管理员都可以发布新闻,将JAVA最新发展动态、课程更新信息、网站动态发布到网上,供学生查看,以便学生及时了解课程相关信息。

(5)媒体资源

包括本门课程各个方面的资源,供学生学习。

(6)网上课件

这个模块是对本门课程知识的拓展,将更多本门课程资源上传到网上,为学生提供更多的学习资源。

(7)留言交流

本模块学生可以浏览提交给教师的留言,在学习中遇到问题也可以给教师留言,以便得到解答。

3.3.2 精品课程网站首页

所有用户首先进入网站首页,然后浏览页面或登录后进行相关操作,如图3-6所示为精品课程网站首页的上半部分。

3.3.3 网站开发与运行环境的配置

开发工具对一个网站的成败具有决定性作用。由于本网站是应用于网络的,因此,综合考虑系统的功能性、可靠性、安全性、实用性尤其是系统的可扩展性等因素,决定采用JAVA作为前端软件开发工具,以MySQL作为后台数据库管理系统,选择MyEclipse作为系统开发平台,实现本系统的各项功能。开发本系统所用到的平台和工具如表3-1所示。

图 3-6　JAVA 精品课程网站首页上半部分

表 3-1　系统开发平台和工具

工具名称	用途
JDK 1.7	Java 开发工具包
MyEclipse	J2EE 集成开发环境
MySql	中小型关系数据库管理系统
Tomcat 7.0.	Web 应用服务器

1. J2EE 平台

J2EE，即是 Java 2 平台企业版(Java 2 Platform Enterprise Edition)，为企业级应用推出的标准平台。它简化了企业解决方案的开发、部署和管理相关复杂问题的体系结构，J2EE 技术的基础就是核心 Java 平台或 Java 2 平台的标准版，J2EE 不仅巩固了标准版中的许多优点，例如"编写一次、随处运行"的特性、方便存取数据库的 JDBC API、CORBA 技术以及能够在 Internet 应用中保护数据的安全模式等，同时还提供了对 EJB(Enterprise Java Beans)、Java Servlets API、JSP(Java Server Pages)以及 XML 技术的全面支持。其最终目的就是成为一个能够使企业开发者大幅缩短投放市场时间的体系结构。J2EE 体系结构提供中间层集成框架用来满足无须太多费用而又需要高可用性、高可靠性以及可扩展性的应用的需求。通过提供统一的开发平台，J2EE 降低了开发多层应用的费用和复杂性，同时提供对现有应用程序集成强有力支持，完全支持 Enterprise Java Beans，有良好的向导支持打包和部署应用，添加目录支持，增强了安全机制，提高了性能。

在开发过程中，应用 Myeclipse 6.0.1，它可以在数据库和 J2EE 的开发、发布，以及应用程序服务器的整合方面极大地提高工作效率。Myeclipse 是功能丰富的 J2EE 集成开发环境，包括了完备的编码、调试、测试和发布功能，完整支持 HTML，Struts，JSF，CSS，Javascript，SQL。

2.JDK 开发工具包

要编写一个 Java 应用程序，必须先安装开发环境。Java 开发环境包括一个编辑软件及开发 Java 程序必需的工具包——JDK，编辑软件可以使用计算机上的任何一个文本编辑器，如 Notepad、Textpad 等，也可以使用集成开发环境(即 Integrated Development Environment，IDE)。支持 Java 的 IDE 很多，目前较流行且免费的集成开发环境主要有 NetBeans、Eclipse 和 Myeclipse。初学阶段，建议读者在熟悉 JDK 之后再慢慢过渡到使用 IDE，JDK 是基础，当编制大型程序时，使用 IDE 编程会更加方便快捷。

JDK——Java 开发工具包(Java Development Kit)简称，它是用于构建在 Java 平台上发布的应用程序、Applet 和组件的开发环境，也是一切 Java 应用程序的基础，所有的 Java 应用程序都是构建在这个 JDK 之上，它包括了一个提供 Java 程序运行的虚拟机和一些运行支持的类库文件，以及一些工具程序，在硬件或操作系统平台上安装一个 JDK，就可开发和运行 Java 应用程序。先看 JDK 的安装与配置。

第一步：下载 JDK。

JDK 是一个开源、免费的工具。可以从 Sun 公司官方网站 http://java.sun.com/免费下载 JDK 合适的版本，网址为：http://java.sun.com/javase/downloads/index.jsp。本书使用的是 Java SE Development Kit 6u11。下载后得到 jdk-6u11-windows-i586.exe 文件。

第二步：安装。

双击下载的可执行程序，启动安装过程，安装向导会弹出如图 3-7 所示窗口，提示选择安装路径和安装组件，如果没有特殊要求，保留默认设置即可。JDK 的默认安装路径是在“c:\program files\java”目录下，创建一个根据 JDK 版本号命名的子目录，如“jdk1.6.0_11”。

当然可以单击“更改”按钮更换安装路径，这个 JDK 软件包的安装目录通常称为 JDK 开发包安装的根路径，对应于后面提到的 JAVA_HOME 系统变量值。单

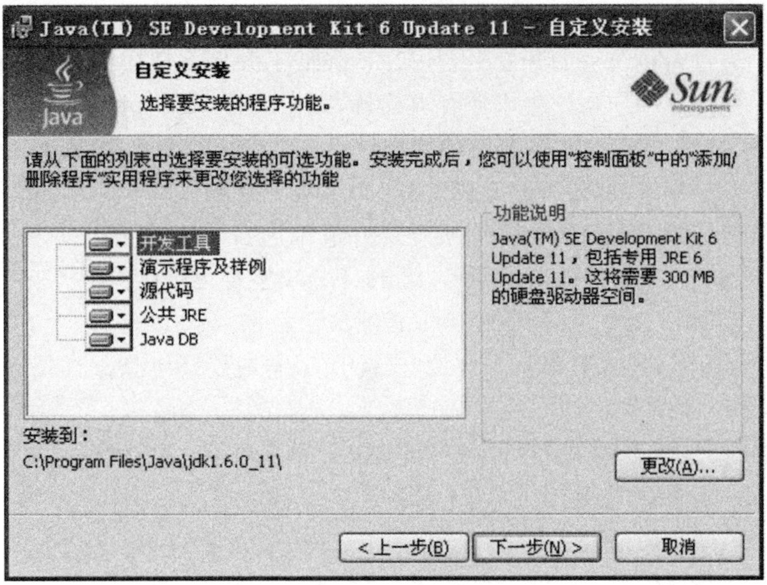

图 3-7　安装 JDK

击"下一步"按钮，之后按照安装向导进行即可。

JDK 开发工具包中含有编写和运行 Java 程序的所有工具，安装后会在"c:\program files\java"目录下创建名为"jdk1.6.0_11"和"jre6"的两个目录，jdk1.6.0_11 目录下包含了运行 Java 程序所需的编辑工具、运行工具以及类库；而 jre6 目录下仅包含了一个运行时的环境，无法完成对 Java 的程序进行编译等任务。jdk1.6.0_11 目录下的目录结构如图 3-8 所示，各子目录的作用如下。

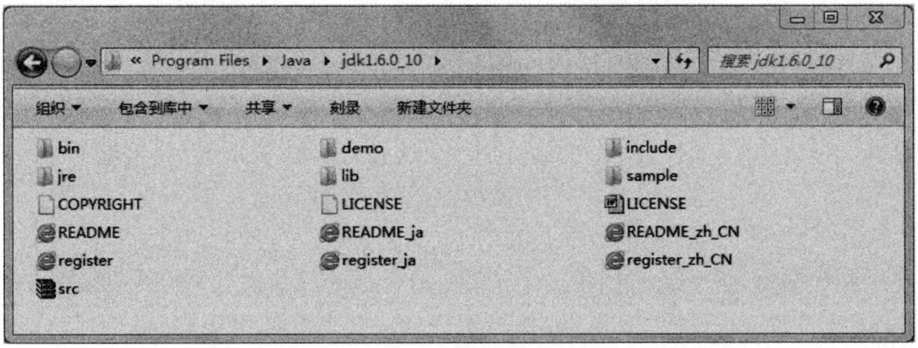

图 3-8　jdk1.6.0_11 目录下的目录结构

Bin 目录：包含编译器(javac. exe)、解释器(java. exe)和一些工具(如帮助文档生成器 javadoc. exe、打包工具 jar. exe、小应用程序浏览工具 appletviewer. exe 等)。

Lib 目录：包含开发过程中使用的类库文件，这些文件通常以. jar 为扩展名。如 tools. jar 支持 bin 目录下的开发工具(如 java. exe、javac. exe)的类库；dt. jar 支持运行环境和开发工具的类库，主要是 swing 的包；rt. jar 是开发所需要的类库，也就是平时 import 加载进来的类库；charsets. jar 字符集转换包等。

Demo 目录：包含一些学习的 Java 程序演示实例。

Include 目录：包含 C 语言头文件，支持 Java 本地接口与 Java 虚拟机调试程序接口的本地编程技术。

Jre 目录：包含 Java 虚拟机、运行时的类包和 Java 应用启动器。

Sample 目录：SUN 配带的 java 案例。

Src. zip：是源码压缩文件。

第三步：环境配置。

由于某些 Java 程序依赖特定的环境变量来定位，为了保证程序运行过程中，系统能自动找到命令所在的目录，通常安装完成后，需要设置环境变量。可以直接在系统的批处理文件“autoexec. bat”中添加环境变量的信息，也可以使用系统中提供的属性页来设置。下面介绍在 Windows XP 中环境变量的配置步骤。

在 Windows 系统中，右击“我的电脑”图标，从弹出的快捷菜单中选择“属性”命令，在弹出的“属性”对话框中选择“高级”选项卡，单击“环境变量”按钮，在出现的界面如图 3-9 所示中“系统变量”列表框下分别对环境变量 JAVA_HOME、PATH、CLASSPATH 三个环境变量进行设置。

A. 系统环境变量 JAVA_HOME 的设置

JAVA_HOME 用于指明 JDK 在当前环境中的安装位置，为了简化环境变量的设置，可以先设定 JDK 的安装目录 JAVA_HOME。在上图中打开的环境变量设置窗口中，新建一个系统变量，可以命名为 JAVA_HOME，并设置值为“C:\Program Files\Java\jdk1. 6. 0_11”。结果如图 3-10 所示。

B. 系统环境变量 PATH 的设置

一般情况下，这个值已经存在，只需要在现有值的最后添加 Java 各种可执行文件(例如 java. exe，javac. exe 等)的搜索路径。在系统环境变量中找到 PATH 变量，在其后添加“;%JAVA_HOME%\bin;%JAVA_HOME%\jre6\bin”。结果如图 3-11 所示。

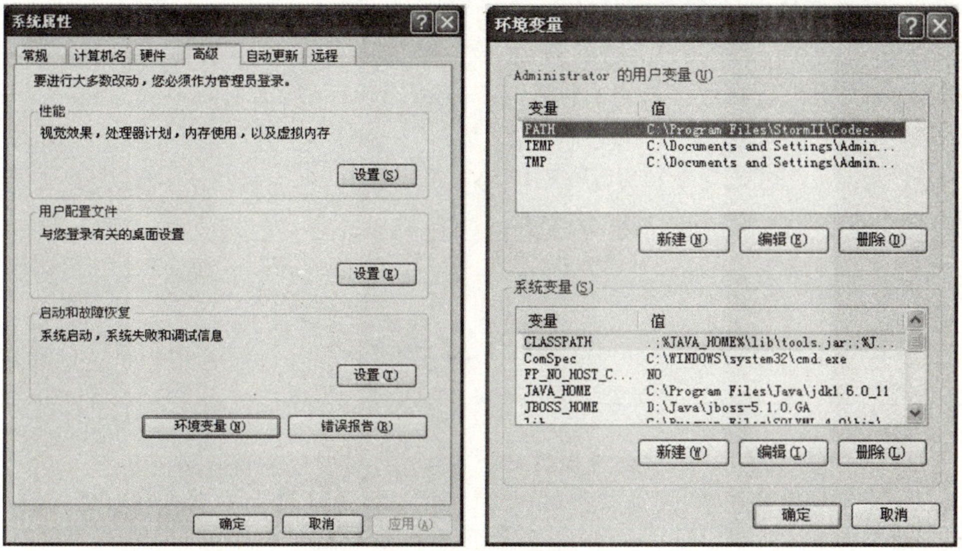

图 3-9　设置环境变量

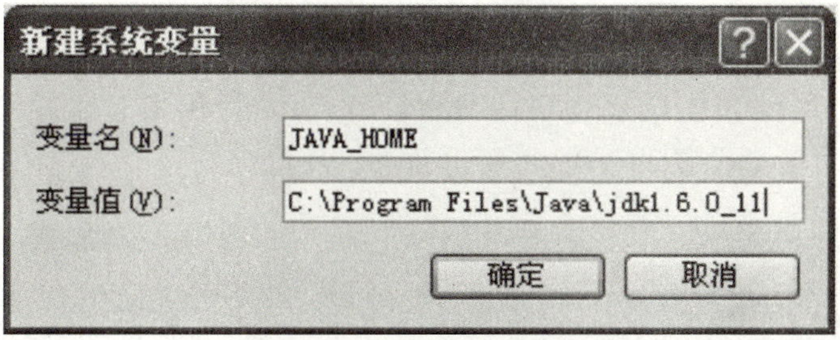

图 3-10　JAVA_HOME 环境变量设置

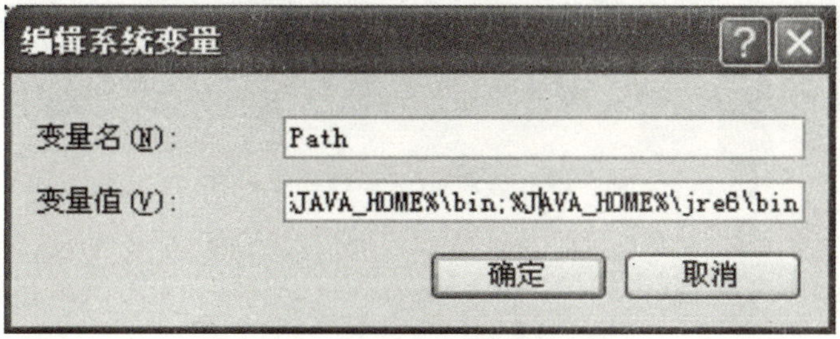

图 3-11　PATH 环境变量设置

C. 系统环境变量 CLASSPATH 的设置

CLASSPATH 顾名思义类的路径，该变量的值告诉 Java 去哪里查找程序中用到的第三方或者自定义的类文件。这一变量通常不存在，所以需要新建一个系统变量，命名为 CLASSPATH，并设置值为“.；%JAVA_HOME%\lib；%JAVA_HOME%\jre\lib”或为“.；%JAVA_HOME%\lib\tools.jar；%JAVA_HOME%\lib\dt.jar；%JAVA_HOME%\jre\lib\rt.jar；”。

提示　上面变量值中不要漏掉“.”，它代表当前路径，也就是在当前路径下寻找需要的类。

第四步：检查 Java 运行环境设置。

环境变量设置完成后，需要测试 JVM 是否能正常工作。打开 DOS 窗口，输入如下命令：

Java-version

如能正确显示本地计算机上安装的 JDK 的版本信息，表明 JDK 安装成功，且环境变量的设置也是正确的。或者在命令行中输入如下命令：

C:\>java 或者 C:\>javac

出现如图 3-12 所示信息说明环境变量设置成功，如果显示找不到相应的命令，就说明环境变量设置不正确，需要重新设置环境变量。

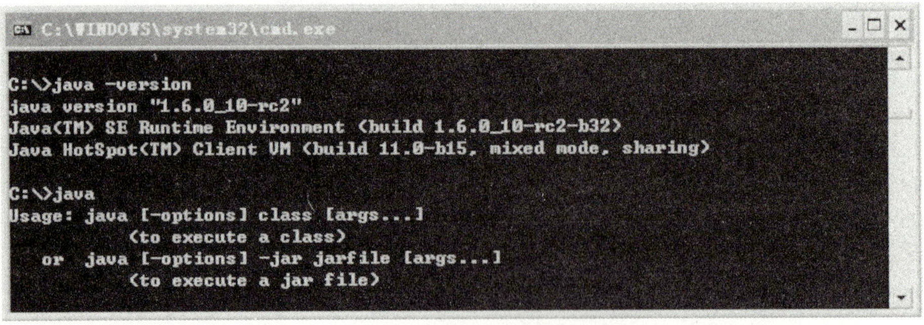

图 3-12　检查 Java 运行环境设置

3. Tomcat 服务器

(1) Tomcat 服务器的安装与配置

将安装 JSP 引擎的计算机称作一个支持 JSP 的 Web 服务器。支持 JSP 的

Web 服务器负责运行 JSP,并将运行结果返回给用户。Tomcat 是一个免费的开源 JSP 引擎,也称作 Tomcat 服务器。可以登录 http://jakarta. Apache. org/tomcat 免费下载 Tomcat 5.5,如果下载的是 apache-tomcat-6.0.13.zip 文件,那么只需将该 ZIP 文件解压到磁盘某个分区中即可;如果下载的是 apache-tomcat-6.0.13.exe,apache-tomcat-6.0.13.exe 文件,将出现"安装向导"界面,然后根据安装提示安装即可双击下载的。接下来,启动 Tomcat 服务器,启动 Tomcat 之前,必须保证安装 toamcat 的计算机事先安装了 JDK,这里我们安装 Sun 公司的 JDK 1.7。安装 JDK1.7 时选择安装的目录是:D:\JDK 1.7。设置 JAVA_HOME 环境变量。对于 window 2000/XP 及以上版本,用鼠标右键单击"我的电脑",弹出菜单,在菜单上选择"属性",弹出"系统属性"对话框,再单击该对话框中的"高级"选项,然后单击按钮"环境变量",分别添加如下的系统环境变量:

变量名:JAVA_HOME,变量值:D:\jdk1.7。

执行 Tomcat 安装根目录中 bin 文件夹中的 startup.bat 或 tomcat5.exe 来启动 Tomcat 服务器。执行 startup.bat 启动 Tomcat 服务器会占用一个 MS-DOS 窗口,如果关闭当前 MS-DOS 窗口将关闭 Tomcat 服务器。建议使用 startup.bat 启动 Tomcat 服务器,以确保 Tomcat 服务器使用的是 Java_home 环境变量设置的 JDK。

(2)JSP 页面与服务目录

假设 Tomcat 安装目录是

E:\Tomcat6.0

那么将 JSP 页面 example1_1.jsp 保存到:

E:\Tomcat6.0\webapps\Root

在浏览器的地址栏中输入:

http://127.0.0.1:8080/example1_1.jsp

example1_1.jsp

```
<%@ page contentType="text/html;charset=GB2312" %>
<HTML><BODY BGCOLOR=cyan>
<h3>这是一个简单的 JSP 页面</h3>
    <% int i,sum=0;
        for(i=1;i<=100;i++)
        { sum=sum+i;
        }    %>
<h5> 1 到 100 的连续和是
<%=sum %>
```

<h5>

</BODY><HTML>

(3)Web 服务目录

必须将编写好的 JSP 页面文件保存到 Tomcat 服务器的某个 Web 服务目录中，只有这样，远程的客户才可以通过浏览器访问该 Tomcat 服务器上的 JSP 页面。

根目录：E:\Tomcat6.0\webapps\Root。webapps 下的任何一个子目录都可以作为一个 Web 服务目录，修改 Tomcat 服务器安装目录下 conf 目录中的 server.xml 文件来设置新的 Web 服务目录。

(4)端口号

8080 是 Tomcat 服务器的默认端口号，在 Tomcat 服务器的 conf 目录下的主配置文件 server.xml 中可以修改端口号。

4. MyEclipse 配置

启动 MyEclipse，选择“Window”→“Preferences…”菜单项，显示 MyEclipse 配置对话框，选择左边目录树中的“Java”→“Installed JREs”，如图 3-13 所示。

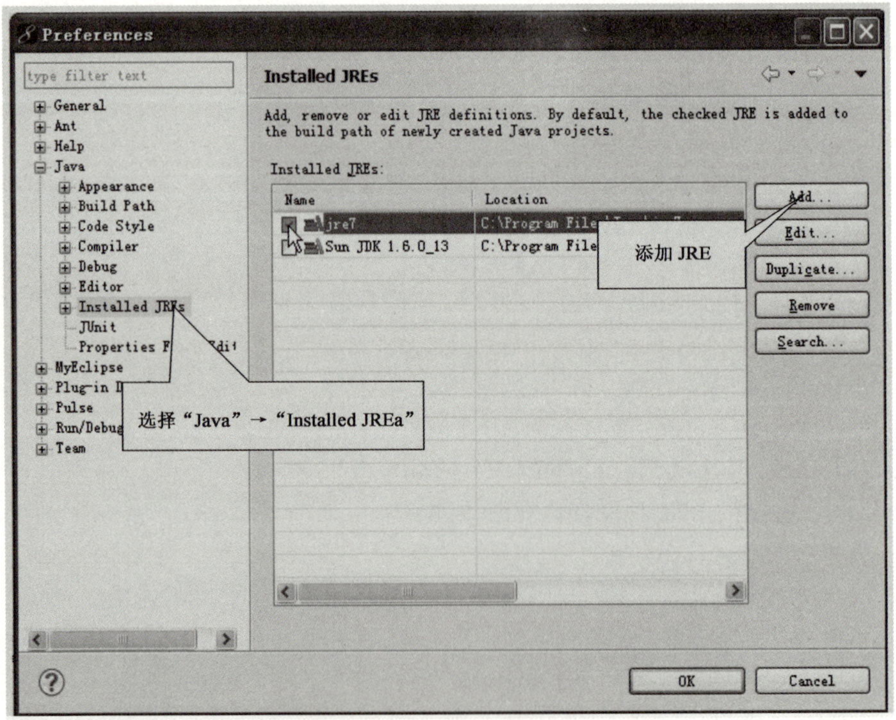

图 3-13　MyEclipse 配置对话框

MyEclipse 有默认的 JRE 选项(本书不用),单击右边的“Add…”按钮,添加我们自己安装的 JDK7.2 的 JRE,如图 3-14 所示。

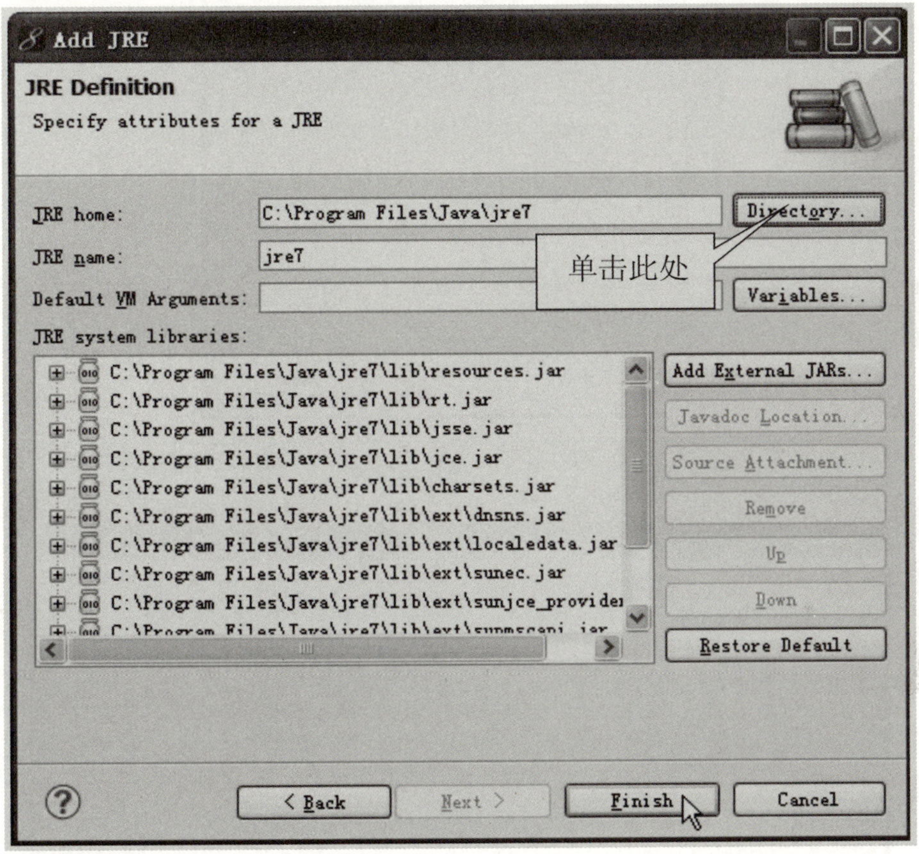

图 3-14　添加路径

单击“Directory…”按钮,指定 JDK7.2 的 JRE 安装路径“C:\Program Files\Java\jre7”,如图 3-15 所示,单击“确定”按钮。

启动 MyEclipse,选择“Windows”→“Preferences…”菜单项,显示 MyEclipse 配置对话框,选择左边目录树中的“MyEclipse”→“Servers”→“Tomcat”→“Tomcat 7.x”,在右面激活 Tomcat 7.x,设置路径为中 Tomcat 7.0 的安装目录,如图 3-16 所示。

继续展开左边目录树中的“MyEclipse”→“Servers”→“Tomcat”→“Tomcat 7.x”→“JDK”,如图 3-17 所示。

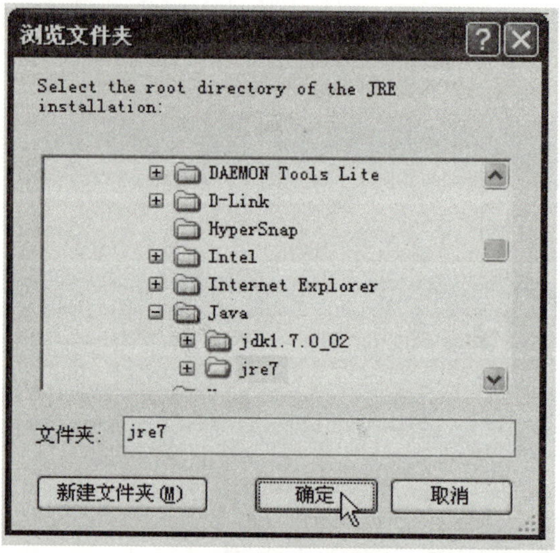

图 3-15　浏览文件夹

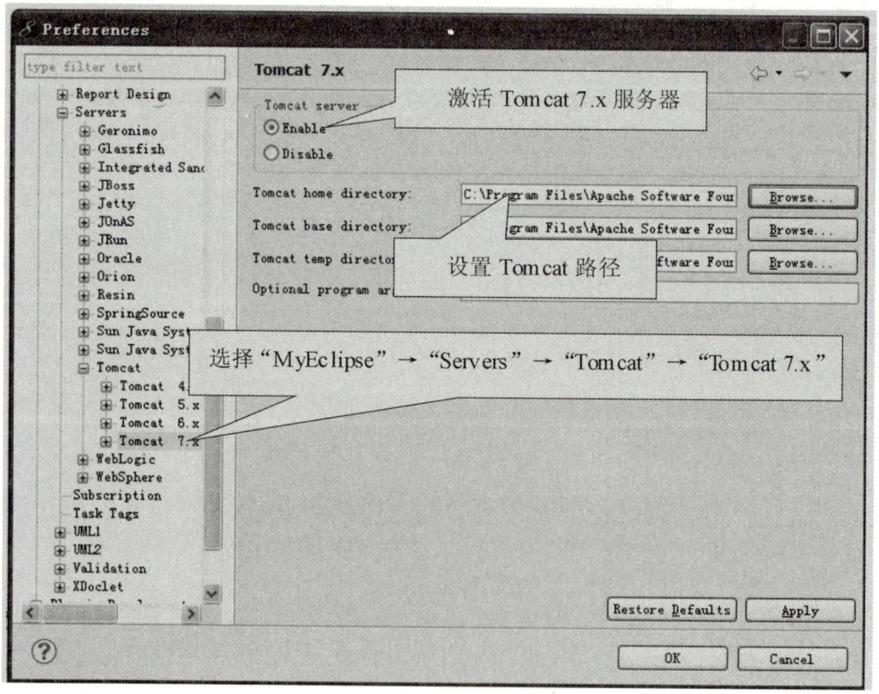

图 3-16　Tomcat 的激活

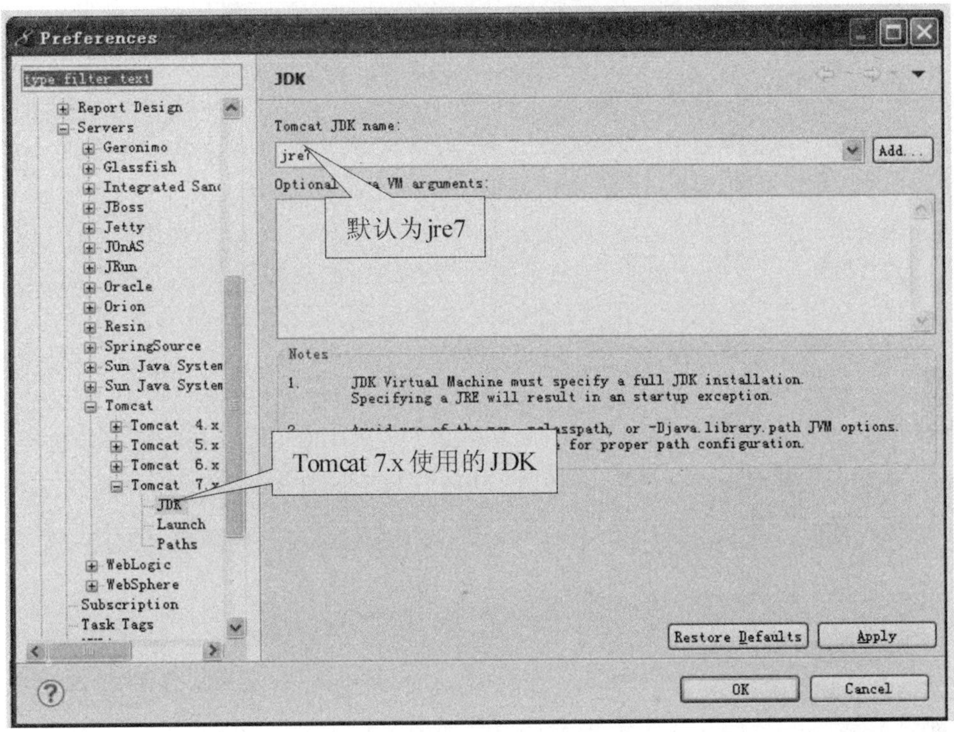

图 3-17　Tomcat 与 JDK 关联

在 MyEclipse 9.0 的工具栏中单击"Run/Stop/Restart MyEclipse Servers"复合按钮，选择"Tomcat 7.x"→"Start"，如图 3-18 所示。

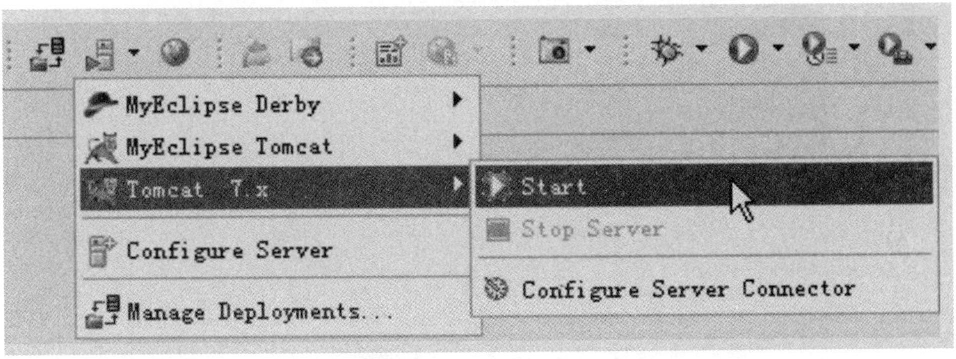

图 3-18　启动 Tomcat

MyEclipse 主界面下方控制台区会输出 Tomcat 的启动信息。至此，MyEclipse 环境配置完成。接着就可在此环境下开发 JSP 项目了。

5. Mysql 关系型数据库

Mysql 是一个快速、多线程、多用户、网络化数据库服务器，由瑞典 MySQL AB 公司负责开发和维护，目前属于 Oracle 旗下产品。

1994 年，MySQL AB 公司开始寻找一个用来开发 Web 应用程序的 SQL 服务器，他们测试了一些商业服务器，但是发现所有这些服务器对于 MySQL AB 公司的大型数据表来说都太慢。因此他们开发了新的 SQL 服务器，这就是 Mysql。

Mysql 是一种关系型数据库系统(RDBMS)，Mysql 数据库系统使用的是最常用的数据库管理语言—结构化查询语言(sql)进行数据库管理。Mysql 数据库是免费开放源代码的，通过网络 General Public License 的许可下并根据需要进行相应的修改就可以下载，MySQL 的速度、可靠性和适应性方面较好因而备受关注。人们都一般在不需要事务化处理的情况下，选择 MySQL 是管理数据最好的选择。

(1)MySQL 数据库管理系统的安装与配置

第一步，安装并启动 MySQL 数据库管理系统。

通过 MySQL 官方网站(http://www.mysql.com)可以获得 MySQL 的安装程序，本书使用的是 mysql-5.0.24-win32 安装包。双击运行 mysql-5.0.24-win32 文件夹中的 setup.exe，开始安装 MySQL，如图 3-19 和图 3-20 所示。

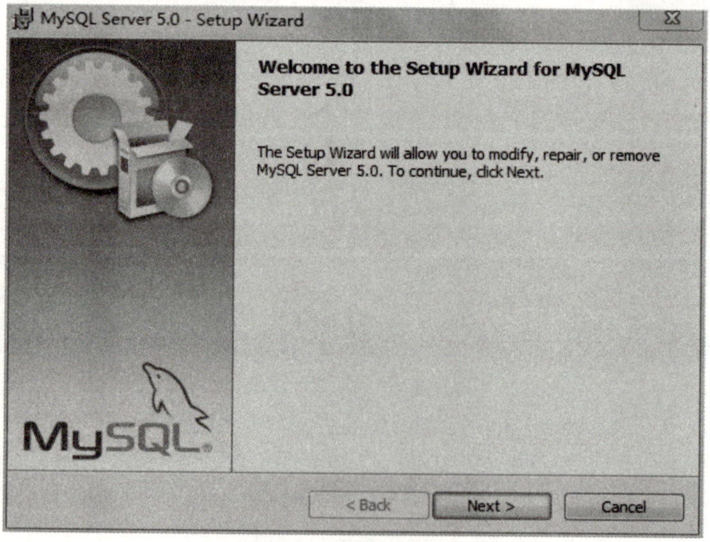

图 3-19 安装 MySQL

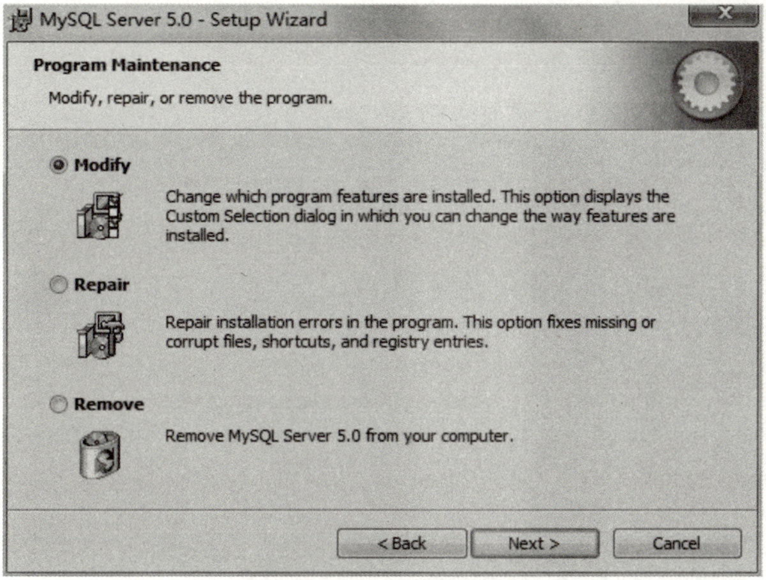

图 3-20　MySQL 安装向导

连续单击 Next 按钮,直到出现如图 3-21 所示完成界面提示窗口。

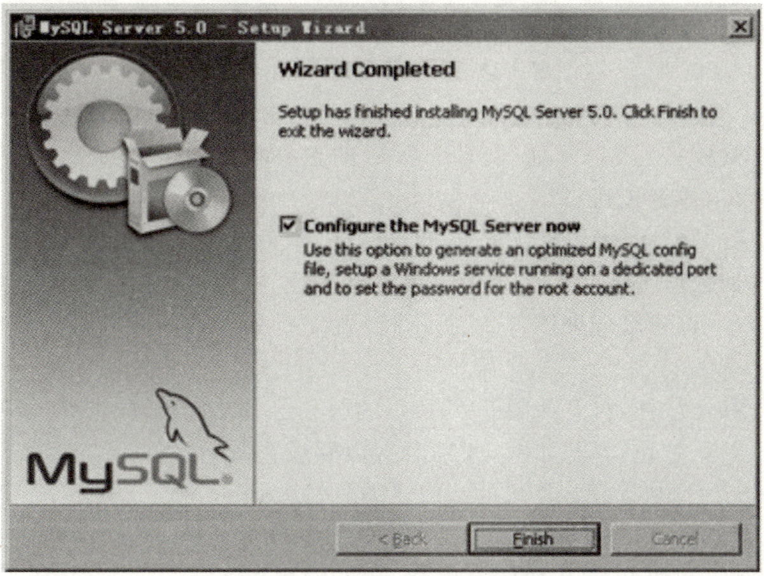

图 3-21　MySQL 安装完成

在窗口中勾选 configure the MySQL server now 复选框。单击完成按钮后打开如图 3-22 所示窗口，开始配置 MySQL 服务器。

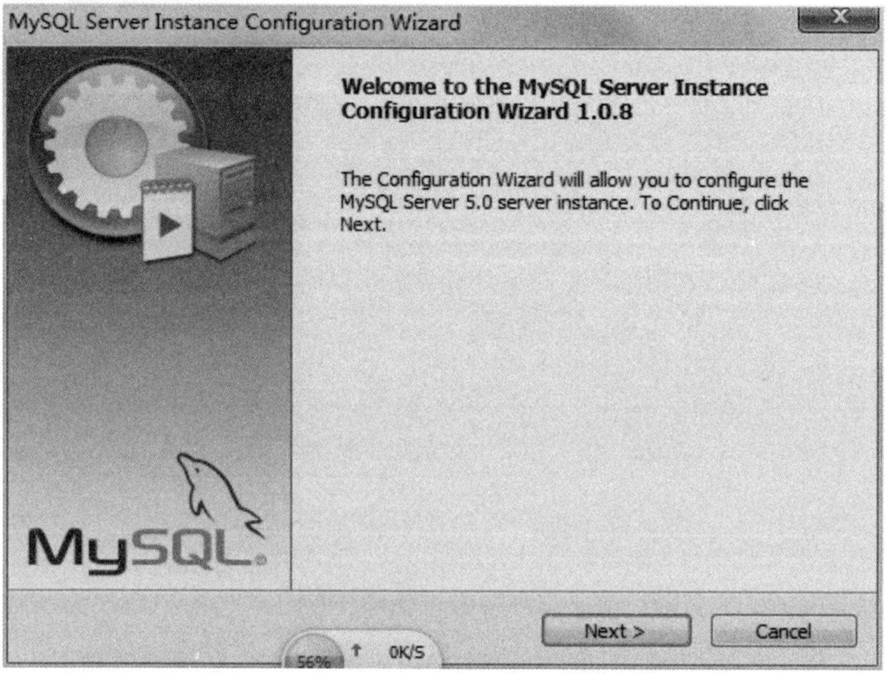

图 3-22 开始配置 MySQL Server

单击 Next 按钮，打开如图 3-23 所示的选择配置类型界面。选择 Detailed Configuration 单选按钮。

在出现的窗口中保留默认设置，连续单击 Next 按钮，依次打开选择服务器类型界面，选择数据库类型界面，选择安装路径界面，设置可连接数量设置界面，端口号设置界面。直到出现如图 3-24 所示，设置字符集界面。在此将字符集设置为 GB2312。

单击 Next 按钮，打开如图 3-25 所示的服务器名设置界面，保留默认设置。

单击 Next 按钮，打开如图 3-26 所示界面，设置 root(相当于管理员)密码。如果需要 root 用户从远程计算机的访问还需要勾选 Enable root access from remote machines 复选框。

单击 Next 按钮，打开如图 3-27 所示界面单击 Execute 按钮，完成 MySQL Server 配置。

图 3-23　选择配置类型

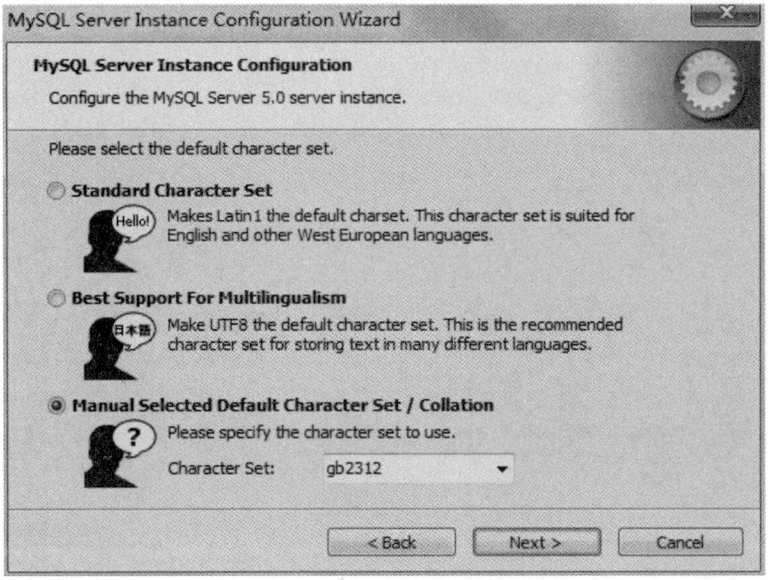

图 3-24　设置字符集界面

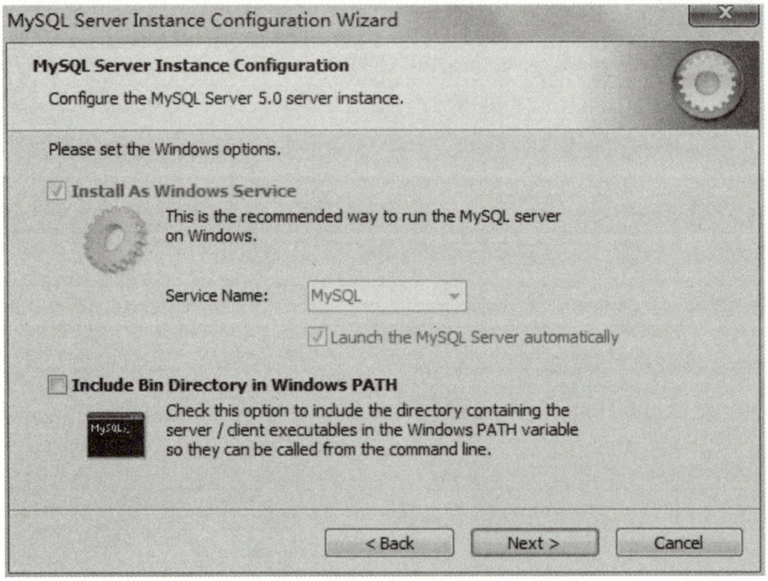

图 3-25　服务器名设置

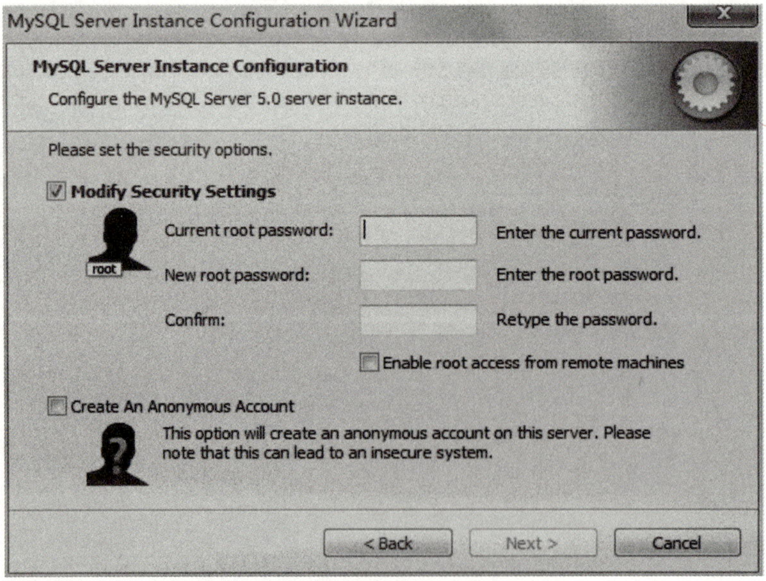

图 3-26　设置 root 密码

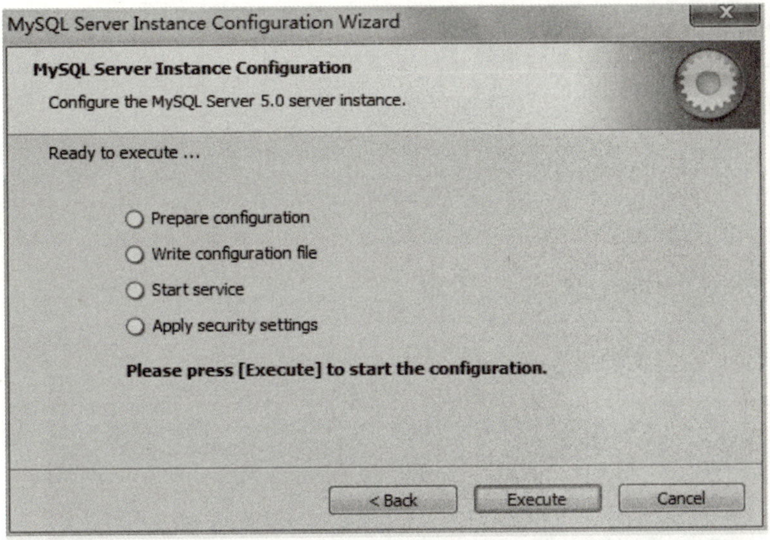

图 3-27　完成 MySQL Server 的配置

若配置正确，出现如图 3-28 所示窗口，单击 Finish 按钮，结束配置。

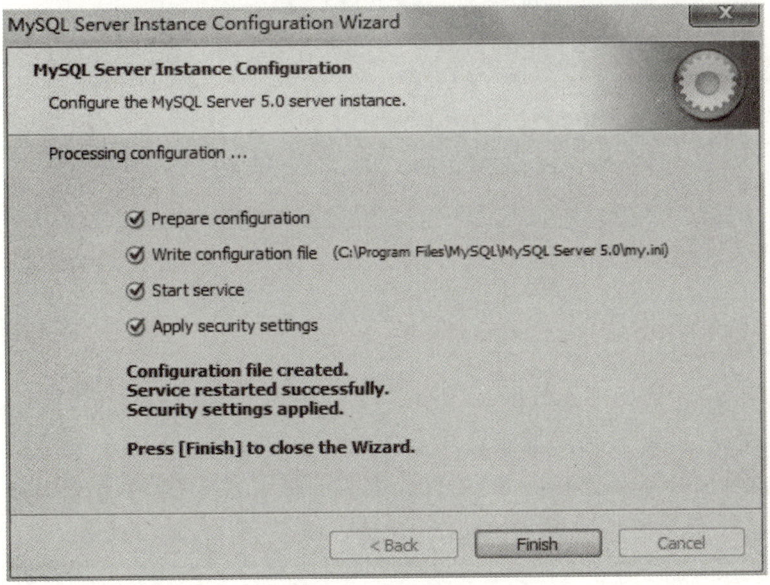

图 3-28　正确配置完成

安装完成后，选择【开始】|【所有程序】| MySQL | MySQL Server5.0 | MySQL Command Line Client 命令打开 MySQL Command Line Client 窗口，在窗口中输入 root 用户密码，窗口的提示符将变为 mysql>，这表示已经正确连接 MySQL。在提示符 mysql>后输入以下语句：

show databases;

将显示所有数据库列表，如果出现如图 3-29 所示窗口，表示 MySQL 安装配置成功。

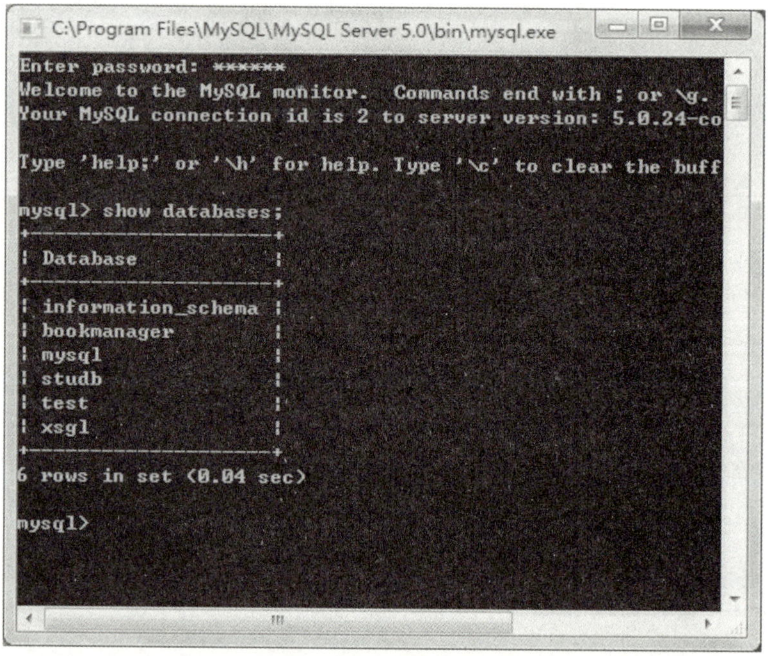

图 3-29　查询数据库

第二步，设置数据库及数据表结构。

在图 3-29 中如果能找见所要的数据库 bookmanager，就在命令行输入 use bookmanager 命令，如找不见所要的数据库，则在命令行输入 create database bookmanager 语句建立数据库 bookmanager，再使用 create table 语句建立数据表，然后用 insert 语句插入数据。为方便操作，也可以将创建表和插入数据的命令保存到 use.txt 文件中，当数据库文件 bookmanager 创建完成后，将 use.txt 脚本文件复制到在命令提示符下，完成用户信息表 student 的创建。

3.4 精品课程网站数据库设计

在关系型数据库的设计中，实体关系模型（Entity-Relationship Model），简称E-R Model是使用最为广泛的一种模型。它利用图形的方式（实体-关系图）来表示抽象模型的概念设计，将现实事物抽象为实体的概念以及实体与实体之间的联系，有助于设计过程中的构思及沟通讨论。数据库是整个系统的基石，数据库的设计优劣直接影响到整个系统的设计成败，本节对数据库的设计进行专门阐述。

数据库是数据管理的最新技术。十几年来数据库管理系统已从专用的应用程序发展成为通用的系统软件。由于数据库具有数据结构化，最低冗余度，较高的程序与数据独立性，易于扩充，易于编制应用程序等优点，较大的信息系统都是建立在数据库设计之上的。因此，不仅大型计算机及中小型计算机，甚至微型机都配有数据库管理系统。

数据库设计是把现实世界的实体模型与需求转换成数据库模型的过程，它是建立数据库应用系统的核心问题。数据库及其应用的性能都建立在良好的数据库设计的基础之上，数据库的数据是一切操作的基础。整个系统所包括的信息有学生用户信息、老师信息、资源信息、下载信息、上传信息和评论信息。可将这些信息抽象为下列系统所需要的数据项和数据结构：

（1）学生个人信息（编号，用户名，用户密码，性别，安全问题，答案，大学，出生年月日）

学生信息表主要用于存储学生的相关信息，其中的相关信息是在学生注册后由老师进行添加完善，此表主要用于老师对学生进行管理。

（2）新闻公告信息（编号，操作员，标题，内容，时间）

该表的设计是为对新闻公告的信息管理，便于老师对所有公告的管理和维护。

（3）留言评论（编号，操作员，内容，时间）

留言信息结构表主要存储留言信息，其中的信息主要是学生和老师，在某一个资源下进行评论所产生的信息。

（4）资源内容信息（编号，操作员，标题，类型，说明，图片，时间）

该表的设计主要是方便对资源的分类，可以通过对资源的分类，让老师对资源的管理更加方便，也可根据资源的具体情况进行不同的维护管理。

注：带下画线表示主键。

3.4.1 数据流图

下面是网站的部分数据流图，主要是学生和老师登录以后根据不同的权限进行不同的操作。图 3-30 和图 3-31 分别是网站的一级数据流图和二级数据流图。

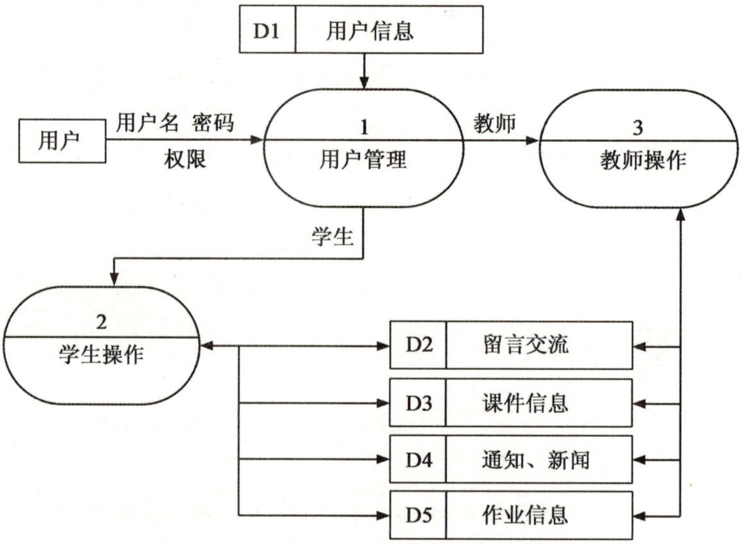

图 3-30 网站一级数据流图

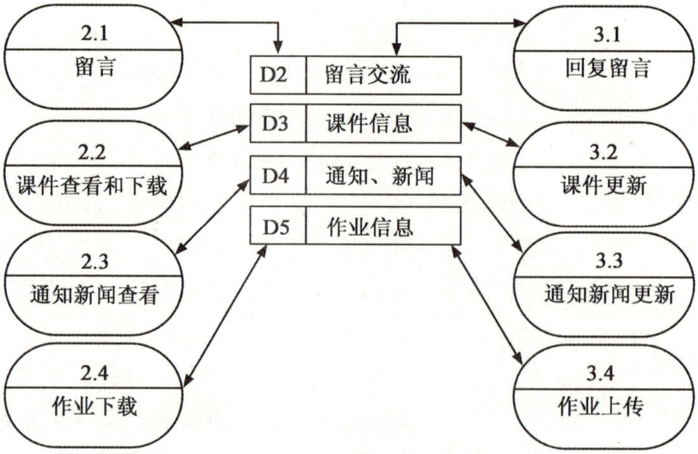

图 3-31 网站二级数据流图

3.4.2　数据库实体 E-R 图

通过网站分析可以知道，本网站涉及的实体有管理员，老师，学生，通知新闻、课件、作业等网站资源，答疑问题。实体与实体之间有复杂的关系，现分析如下，如图 3-32 所示。

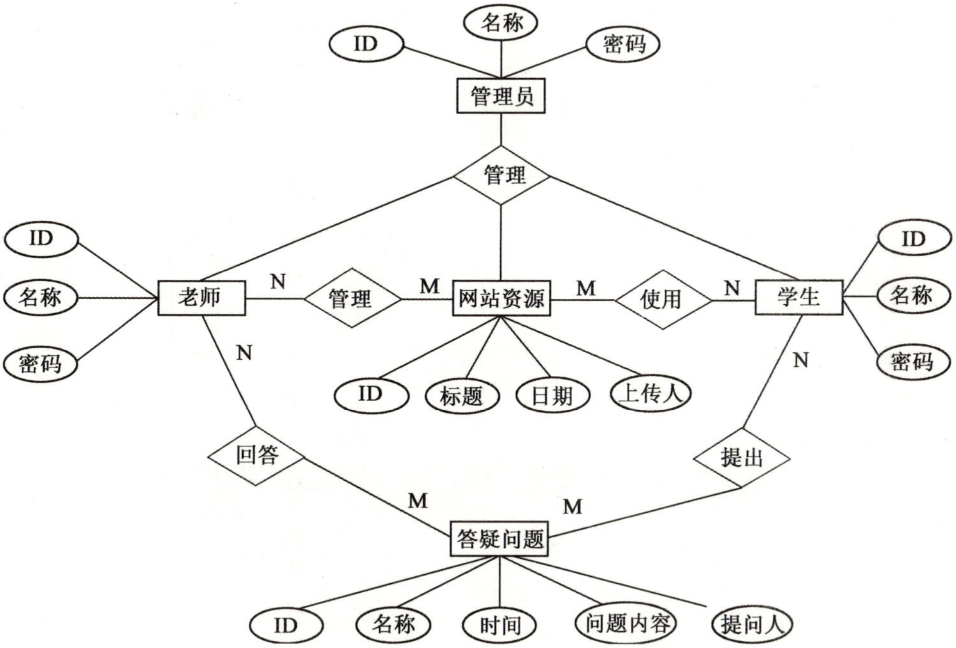

图 3-32　网站结构 E-R 图

3.4.3　数据库表的设计

关键数据库表的详细设计。Admin 表记录网站管理员名称、密码等信息。如图 3-33 所示。

UserInfo 表记录网站用户的名称、密码等信息如图 3-34 所示。

Article 表记录网站文章标题、内容等。如图 3-35 所示。

Admin：表

字段名称	数据类型
adminID	自动编号
adminName	文本
adminPwd	文本

图 3-33　Admin

UserInfo：表

字段名称	数据类型
userID	自动编号
userName	文本
userPwd	文本
mail	文本
status	文本

图 3-34　UserInfo

Article：表

字段名称	数据类型
id	自动编号
title	文本
content	备注
smallsrc	文本
class	数字
Articleclass	文本
Time	日期/时间

图 3-35　Article

BbsTopic 记录留言内容等信息。如图 3-36 所示。

BbsReply 记录回复留言等信息。如图 3-37 所示。

Menu 表用于存放网站栏目名称等信息。如图 3-38 所示。

Link 表用于存放网站友情链接栏信息。如图 3-39 所示。

BbsTopic : 表

字段名称	数据类型
subjectId	自动编号
title	备注
content	备注
userName	文本
publishTime	日期/时间
status	文本

图 3-36　**BbsTopic**

BbsReply : 表

字段名称	数据类型
subjectId	自动编号
content	备注
userName	文本
replyTime	日期/时间
title	文本
status	文本
TopicId	数字

图 3-37　**BbsReply**

Menu : 表

字段名称	数据类型
menuId	自动编号
menuName	文本
menuUrl	文本
menuOrder	数字
classId	数字

图 3-38　**Menu**

link : 表

字段名称	数据类型
Id	自动编号
Name	文本
Url	文本

图 3-39　**link**

3.5 精品课程网站功能模块设计

本章介绍了网站各个模块的详细内容，包括：用户注册、用户登录、通知新闻发布、教学大纲发布、课件作业下载、在线答疑及作业提交等。有前台详细设计和后台详细设计。

3.5.1 前台功能模块设计

前台设计包括用户注册、用户登录、课程建设、教学大纲、通知新闻、网上课件、媒体资源、作业发布、留言交流模块，各个模块详细设计如下：

1. 用户注册模块

学生注册模块主要功能是当学生没有账户时，可以进行注册操作，然后登录。日常生活中我们见到的网站总少不了用户注册，用户注册是访问网站时候必须进行的操作。网站设计者通过该操作控制不同用户在该网站的不同权限，从而实现不同操作。用户填上用户名、密码、重复密码、mail、选择身份后进行用户注册。用户输入用户名和用户密码，选择用户类型，密码和重复密码要一致，mail 属于电子邮箱格式，不然用户会给出提示，用户注册界面如图 3-40 所示。

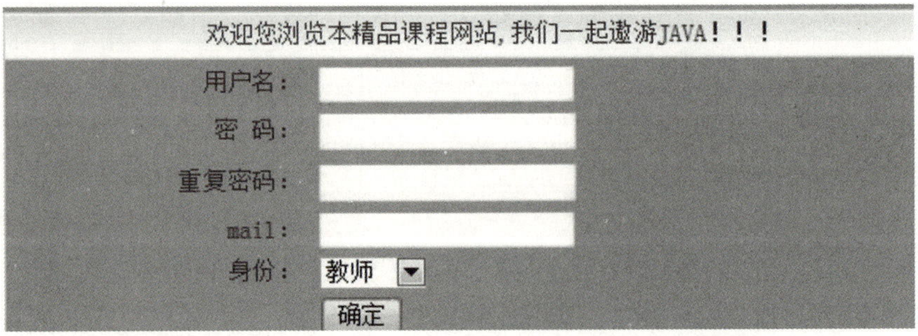

图 3-40 用户注册模块

2. 用户登录模块

用户输入用户名和用户密码，选择用户类型，然后确认登录。如果输入错误，网站会给出提示，然后返回重新登录。效果如图 3-41 所示。

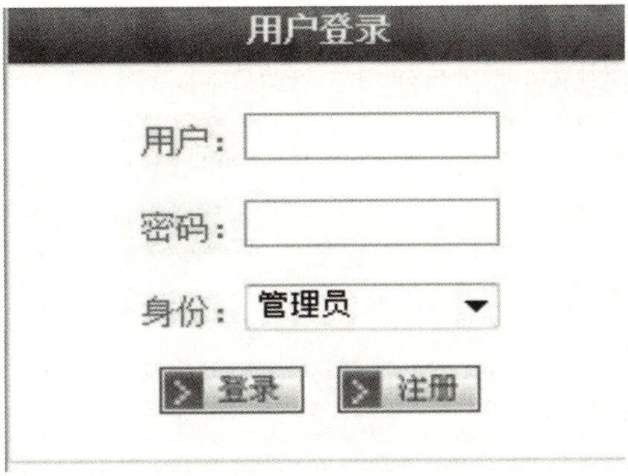

图 3-41　登录界面

用户可以随意浏览本网站，但是如果要发表留言就必须登录，没有注册的用户需要先注册，才能登录网站。注册需要输入用户名，密码，选择用户类型信息，输入不能为空，否则给出提示，等待用户重新输入。

3. 课程建设模块

其中包括课程简介、课程建设规划、课程建设特色、课程来源处、课程设计论文等内容，通过一系列的介绍可以让学生更加了解本门课程，从而选择学习资源。课程建设模块中课程建设特色部分页面如图 3-42 所示。

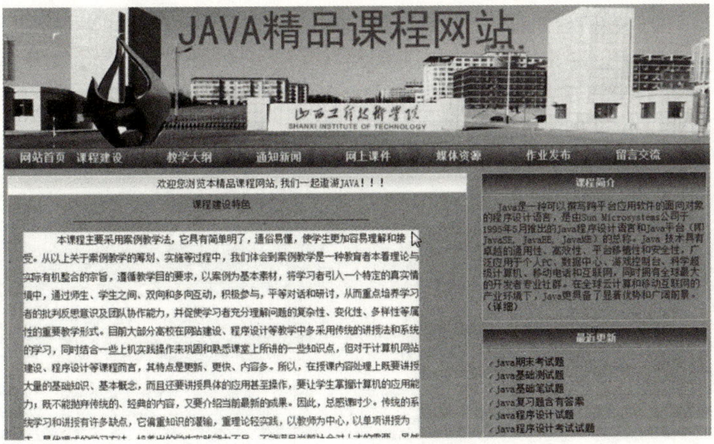

图 3-42　课程建设模块

4. 教学大纲模块

放在单独的页面中，以便学生了解本门课程的重、难点，方便学生学习。教学大纲模块如图 3-43 所示。

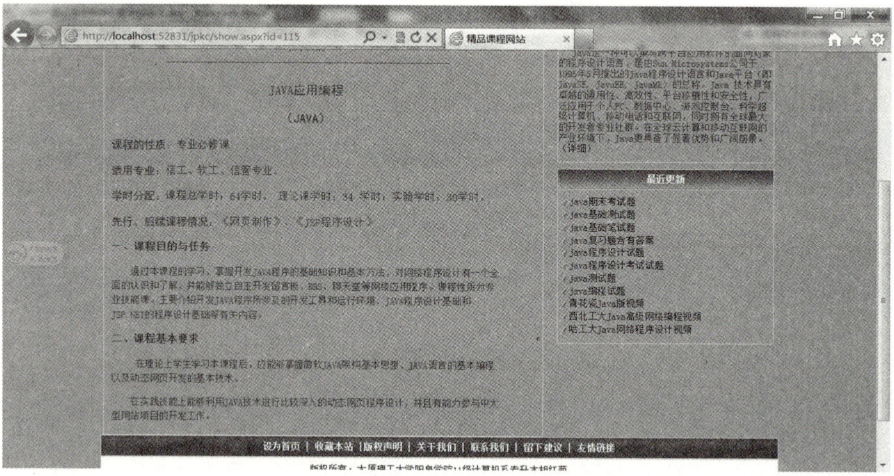

图 3-43　教学大纲模块

5. 通知新闻模块

通知新闻以列表的形式显示在首页中，总是显示最新的几条。通知新闻模块中 Java 发展趋势页面如图 3-44 所示。

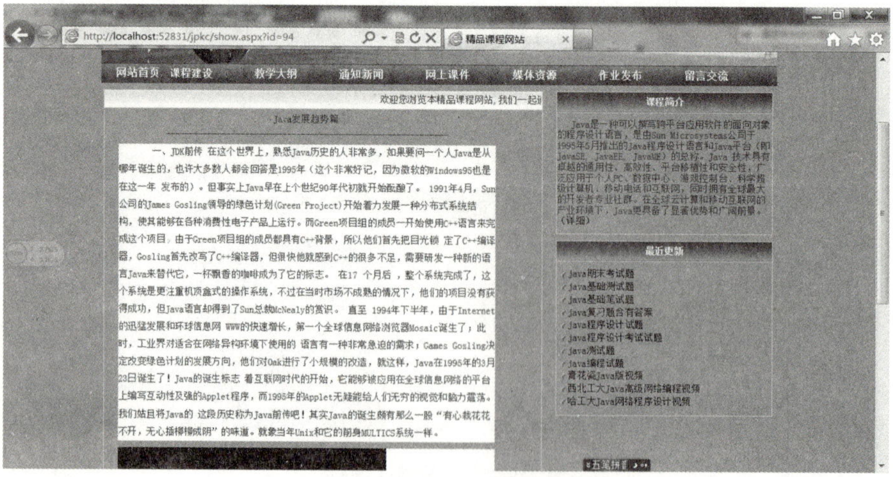

图 3-44　Java 发展趋势页面

6. 网上课件与媒体资源两个模块

资源下载功能主要是学生可以对老师上传的资源进行下载，可以选择不同的资源，不同的格式进行下载，节省了老师与同学们的时间。该功能对是下载功能不对数据库进行操作，但是查看的时候会对表 ziyuan 进行浏览。网上课件与媒体资源都是电子版的学习资源，不同之处在于网上课件都是基于某本课本的教学资源，而媒体资源则是来自各处的，但都是关于该门课程的学习资源。

7. 留言交流模块

留言评论功能主要是学生在不同的资源下进行留言评论，可以使用评论、提问，解答。这样使得同学们的学习兴趣大大提高，也可以与老师进行互动。学生可以提交问题，然后由老师进行回答。只有登录之后，才能进行提交问题的操作。留言交流学习心得部分如图 3-45 所示。

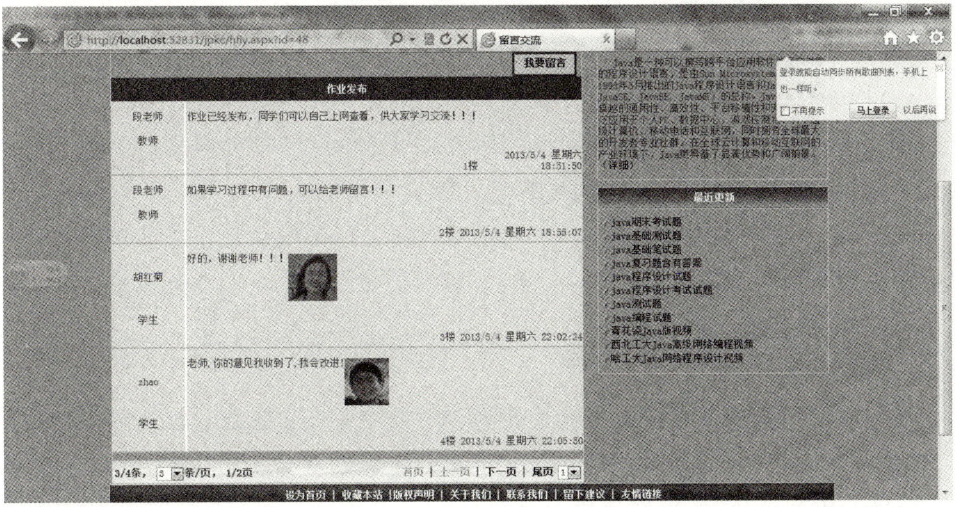

图 3-45　留言交流中的学习心得

3.5.2　后台功能模块设计

后台管理模块是网站的重要组成部分，管理员和老师通过管理模块可以直观方便的对网站的教学资源进行管理。首页用户登录入口，不同身份的用户能进入不同的管理页面，验证通过后登录成功，后台管理的首页直观地显示了管理者的各个功能、操作。

本节主要介绍了后台管理网站的各个模块，包括首页，用户组管理，通知发布和管理，作业发布和管理，教学课件发布和管理等模块的具体设计。

1. 教师管理模块权限

拥有普通权限的管理员进入后台管理系统后台可以对用户个人信息、网上课件、媒体资源、通知新闻、留言进行管理。

教师登录后可以进入后台管理页面，点击个人信息管理，可以出现分支修改个人信息，然后点击即可实现修改。教师用户模块功能主要包括学生管理，资源管理，留言评论。

(1)个人信息管理

该功能主要是老师用户对于学生信息的管理，对学生的地址、联系方式、邮箱等信息的更改与维护，便于学生信息的时效性。该功能是对 stu 表的维护与更新，在对学生信息进行操作后将最新的信息储存到表中。

(2)内容管理功能

该功能主要是老师对上传的教学资源进行管理，可以对资源进行增加、删除、上传、更新等操作，极大地提高了老师的工作效率。该功能主要对表 ziyuan 进行更新和维护，将最新更改的信息保存到 ziyuan 表中。在内容管理功能中老师还可以发布一些新闻公告，从而来提示同学们最近需要注意的事项，不需要一个个同学的进行通知，提高了工作效率。

(3)留言评论功能

该功能可以让老师在每个资源下进行留言评论，可以告知资源使用的注意事项，不需要单独发布公告，节省时间，也可以与同学们交流互动，该功能主要对表 liuyan 进行更新维护，把最新的信息储存到 liuyan 表中。点击内容管理，可以展出网上课件、媒体资源的管理，可以上传课件、修改、删除，教师后台管理如图 3-46 所示。

2. 管理员管理模块权限

管理员登录后可以进入后台管理页面，有内容管理可以对网站所有模块进行管理，包括首页的导航、友情链接都可以进行管理。可以随时对网站的整个部分进行修改、删除。

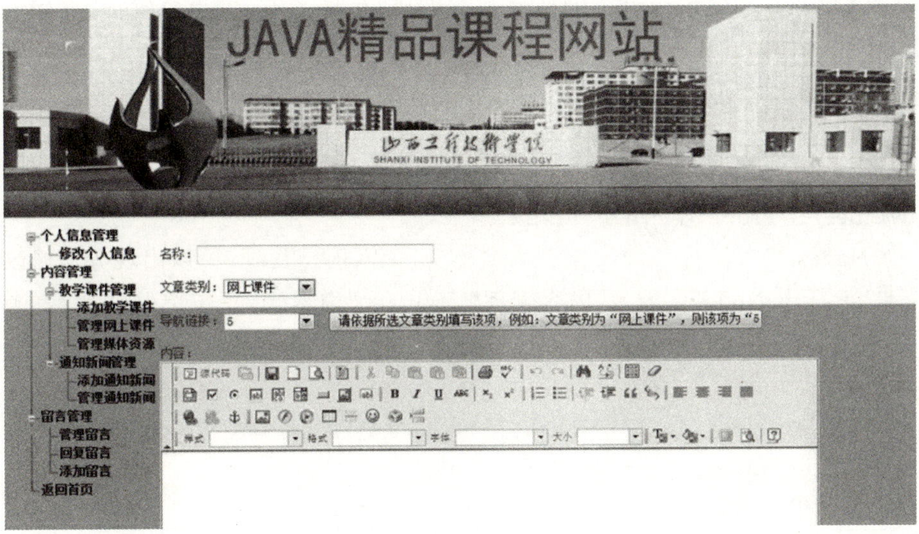

图 3-46　教师后台管理

后台管理模块树形结构实现代码如下：

```
<%@ Master   Language = "java"   AutoEventWireup = "true" CodeFile = "AdminMaster. master. cs" Inherits = "Templates_AdminMaster" %>
<! DOCTYPE html PUBLIC "-//W3C//DTD XHTML 1.0 Transitional//EN" "http://www. w3. org/TR/xhtml1/DTD/xhtml1-transitional. dtd">
<html xmlns = "http://www. w3. org/1999/xhtml" >
<head runat = "server">
<title>JAVA 精品课程网站管理员管理界面</title>
<link rel = "stylesheet" type = "text/css" href = ".. /css/style. css"/>
</head>
<body>
<form id = "form1" runat = "server">
<div class = "banner m_top">
</div>
<div class = "menu">
</div>
<div class = "content border" style = "padding-bottom:100px;">
```

```
<div class="nav1_2 left" style=" text-align: left; padding-left: 20px; width:140px;">
<div class="LeftMenu1">
<h3>
<jsp:TreeView ID="TreeView1" runat="server" Height="220px" ShowLines="True" Width="120px">
<Nodes>
<jsp:TreeNode Text="内容管理" Value="内容管理">
<jsp:TreeNode Text="添加内容" Value="添加内容" NavigateUrl="~/Admin/addContent2.aspx" ></jsp:TreeNode>
<jsp:TreeNode Text="管理内容" Value="管理内容" NavigateUrl="~/Admin/glContent.aspx"></jsp:TreeNode>
</jsp:TreeNode>
<jsp:TreeNode Text="用户信息" Value="用户信息">
<jsp:TreeNode Text="添加管理员" Value="添加管理员" NavigateUrl="~/Admin/addAdmin.aspx"></jsp:TreeNode>
<jsp:TreeNode Text="管理员信息" Value="管理员信息" NavigateUrl="~/Admin/adminAdmin.aspx"></jsp:TreeNode>
<jsp:TreeNode NavigateUrl="~/Admin/gluser.aspx" Text="用户信息管理" Value="用户信息管理"></jsp:TreeNode>
</jsp:TreeNode>
<jsp:TreeNode Text="导航管理" Value="导航管理">
<jsp:TreeNode Text="首部导航管理" Value="首部导航管理" NavigateUrl="~/Admin/menu.aspx"></jsp:TreeNode>
<jsp:TreeNode NavigateUrl="~/Admin/addMenu.aspx" Text="添加导航" Value="添加导航"></jsp:TreeNode>
</jsp:TreeNode>
<jsp:TreeNode Text="友情链接" Value="友情链接">
<jsp:TreeNode NavigateUrl="~/Admin/addLink.aspx" Text="添加友情链接" Value="添加友情链接"></jsp:TreeNode>
<jsp:TreeNode NavigateUrl="~/Admin/link.aspx" Text="友情链接管理" Value="友情链接管理"></jsp:TreeNode>
</jsp:TreeNode>
```

```
<jsp:TreeNode NavigateUrl="~/index.aspx" Text="返回首页" Value
="返回首页"></jsp:TreeNode>
</Nodes>
</jsp:TreeView>
 </h3>
</div>
</div>
<div style="text-align: center; width: 800px; float: left; margin-left:
10px;">
<jsp:contentplaceholder id="ContentPlaceHolder1" runat="server">
</jsp:contentplaceholder>
</div>
</div>
<div class="foot1 border">
<h4>
<a onclick="javascript:this.style.behavior='url(#default#homepage)';
this.setHomePage('http://index.html')" href="javascript:void(0);" target="
_self">设为首页 </a>| <a href="javascript:window.external.addFavorite('
http://index.html','太原理工大学阳泉学院');"
target="_self">收藏本站</a> |<a href="#" >版权声明</a> | <a
href="#" >关于我们</a> | <a href="#" >联系我们</a> | <a href="
mailto:1042318830@qq.com">留下建议</a> | <a href="#" >友情链接
</a>
</h4>
</div>
<div class="foot2 border">
版权所有:山西工程技术学院 段新娥<br/><br/>
地址:阳泉经济技术开发区  邮编:045000<br/><br/>
电话:13994514133 邮箱:445350027@qq.com  QQ:445350027
</div>
</form>
</body>
</html>
```

3.6 精品课程网站详细设计与实现

前面的章节介绍了网络交流学习系统的需求分析和总体设计，从中可以看到我们需要实现的各网络交流学习系统应当具有两个最基本的特点：第一是系统的稳定性要强，因为本系统面向的是校园内的广大师生，用户数量庞大，在运行时需要允许海量用户的同时操作，并且要有完善的日志记录功能，以便进行系统维护和升级；第二是系统要具有服务特色化、使用个性化等实用性特点，以满足广大师生对于学习资源与交流的需求。故而，本系统划分为几个功能相对独立的子系统，分别是老师用户管理子系统，学生用户子系统，资源管理子系统，留言管理子系统等。本章将从面向对象的角度出发，详细地阐述各个子系统的详细设计与实现。

3.6.1 模块使用的类与接口

本系统是窗口式应用软件，采用三层架构来设计，所以各个模块内的每一个功能都要用窗口来显示。为了体现程序的封装性，每个窗口用一个类来实现。为实现窗口视图，应用的类都有继承窗口类对象，并实现事件响应监听接口，以便使用时产生相应功能的事件响应。

1. 模块使用的类与接口的描述

(1)开发图形界面所用类：

JFrame：Swing 的三个基本构造块：标签、按钮和文本字段。但是现在需要个地方安放它们，并希望用户知道如何处理它们。JFrame 类就是解决这个问题的——它是一个容器，允许程序员把其他组件添加到它里面，把它们组织起来，并把它们呈现给用户。

JPanel：JPanel 是一个容器，可以向其中添加其他的 GUI 组件(如按钮 JButton 组件)；但是 JPanel 不是顶层容器，因此在屏幕上显示 JPanel，必须将它添加到一个顶层容器(如 JFrame)中。

JSplitPane：Split Pane(分割面板)一次可将两个组件同时显示在两个显示区中，若你想要同时在多个显示区显示组件，你便必须同时使用多个 Split Pane。

JLabel：用于短文本字符串或图像或二者的显示区。

JTextField：是一个轻量级组件，它允许编辑单行文本。

JTextArea：是一个显示纯文本的多行区域。

JPasswordField：JPasswordField 是一个轻量级组件，允许编辑单行文本，其视图指示键入内容，但不显示原始字符。

JButton："push" 按钮的实现。通过 Action 可配置按钮，并进行一定程度的控制。

JScrollpane：提供轻量级组件的 scrollable 视图。JScrollPane 管理视口、可选的垂直和水平滚动条以及可选的行和列标题视口。

JComboBox：将按钮或可编辑字段与下拉列表组合的组件。用户可以从下拉列表中选择值，下拉列表在用户请求时显示。

JRadioButton：实现一个单选按钮，此按钮项可被选择或取消选择，并可为用户显示其状态。

ButtonGroup：此类用于为一组按钮创建一个多斥（multiple-exclusion）作用域。使用相同的 ButtonGroup 对象创建一组按钮意味着"开启"其中一个按钮时，将关闭组中的其他所有按钮。

（2）开发表格接收数据并显示所使用的类：

Vector：可以实现可增长的对象数组。与数组一样，它包含可以使用整数索引进行访问的组件。但是，Vector 的大小可以根据需要增大或缩小，以适应创建 Vector 后进行添加或移除项的操作。

DefaultTableModel：这是 TableModel 的一个实现，它使用一个 Vector 来存储单元格的值对象，该 Vector 由多个 Vector 组成。

JTable：用来显示和编辑常规二维单元表。

（3）开发树状结构目录所使用的类：

DefaultMutableTreeNode：是树数据结构中的通用节点。为检查和修改节点的父节点和子节点提供操作，也为检查节点所属的树提供操作。

DefaultTreeModel：使用 TreeNodes 的简单树数据模型。

JTree：将分层数据集显示为轮廓的控件。树中特定的节点可以由 TreePath（封装节点及其所有祖先的对象）标识，或由其显示行（其中显示区域中的每一行都显示一个节点）标识。

（4）开发数据库连接所使用的类：

Connection：与特定数据库的连接（会话）。在连接上下文中执行 SQL 语句并返回结果。Connection 对象的数据库能够提供描述其表、所支持的 SQL 语法、存储过程和连接功能等的信息。

Statement：Statement 对象表示基本语句，其中将单个方法应用于某一目标和一组参数，以返回结果。

ResultSet:表示数据库结果集的数据表,通常通过执行查询数据库的语句生成。

(5)开发对事件响应所实现的接口:

ActionListener:用于接收操作事件的侦听器接口。对处理操作事件感兴趣的类可以实现此接口,而使用该类创建的对象可使用组件的 addActionListener 方法向该组件注册。在发生操作事件时,调用该对象的 actionPerformed 方法。

MouseListener:用于接收组件上“感兴趣”的鼠标事件(按下、释放、单击、进入或离开)的侦听器接口。然后使用组件的 addMouseListener 方法将从该类所创建的侦听器对象向该组件注册。当按下、释放或单击(按下并释放)鼠标时会生成鼠标事件。鼠标光标进入或离开组件时也会生成鼠标事件。发生鼠标事件时,将调用该侦听器对象中的相应方法,并将 MouseEvent 传递给该方法。

TreeSelectionListener:当 TreeSelectionModel 中的选择发生更改时收到通知的侦听器。

2. 数据库的连接与关闭

JDBC 规定一套访问数据库的 API,而具体如何实现对底层数据库的操作则依赖于具体的 JDBC 驱动程序。当程序调用 JDBC 接口访问数据库的时候,JDBC 驱动程序负责将这些程序调用转化为符合底层数据库交互协议的信息,并将这些信息发送给底层数据库管理库管理系统。

利用 JDBC 访问数据库包含如下几个步骤:

(1)建立数据库连接,获得 Connection 对象。

(2)根据用户的输入组装查询 SQL 语句。

(3)根据 SQL 语句建立 Statement 对象或者 PreparedStatement 对象。

(4)用 Connection 对象执行 SQL 语句,获得结果集 ResultSet 对象。

(5)一条一条读取结果集 ResultSet 对象中的数据。

(6)根据读取到的数据,按特定的业务逻辑进行计算。

(7)根据计算得到的结果再组装更新 SQL 语句。

(8)使用 Connection 对象执行更新 SQL 语句,以更新数据库中的数据。

(9)依次关闭各个 Statement 对象和 Connection 对象。

3.6.2 模块的设计与实现

为体现窗口界面风格,在个窗口上各个控件的布局应当一致,用于显示的字体设置为同一字体,各窗口界面颜色须保持一致,以保证对用户的友好界面。具体实现过程现举例如下。

1. 登录模块程序设计

该模块主要是用户通过网络交流平台系统的首页登录进入该系统。用户输入正确的用户名和密码，系统会根据用户的身份进行相应权限划分；如果登录信息有错误，则系统提示登入错误的信息。

用户在登录页面写好用户名和密码，选择登录，登录成功则跳转到系统首页，否则提示错误信息。在服务器端进行用户身份验证的程序流程图如图 3-47 所示。

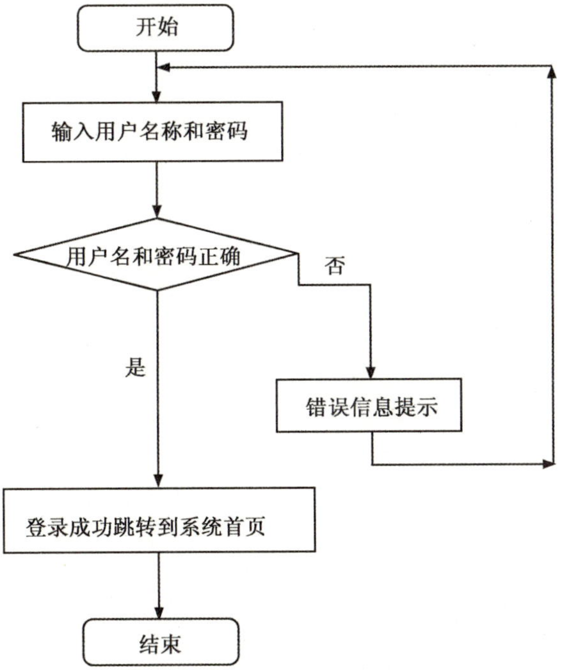

图 3-47　用户登录流程图

2. 老师用户功能模块的实现

该模块中最主要的是老师用户，对学生信息资源信息等操作，其中管理学生用户包括对他们进行添加，修改，删除及权限划分操作。其中老师用户对学生用户进行管理的操作页面。其中发布信息、上传资源，删除资源与学生管理是系统的关键所在。

(1)发布信息实现

实现代码如下：

```
  public void validate() {
if (this.getBiaoti() == null || this.getBiaoti().length() == 0) {
          addFieldError("title", "文件标题不允许为空!");
        }
if (this.getNeirong() == null || this.getNeirong().length() == 0) {
          addFieldError("neirong", "请填写内容!");
        } else {
          try {
            DB mysql = new DB();
            userName = mysql.returnLogin(request);
            rs = mysql.selectFile(request, userName, "biaoti",
                this.getTitle());
            if (rs.next()) {
              addFieldError("title", "文件标题已存在!");
            } else {
    rs = mysql.selectFile(request, userName, "picturn",
                  this.getUploadFileName());
              if (rs.next()) {
                addFieldError("upload", "文件名已存在!");
              }
            }
          } catch (Exception e) {
            e.printStackTrace();
          }
        }
    }
```

通过以上代码可以看到，发布信息时会检测标题是否存在，如果存在就会提示标题存在。

(2)上传资源实现

下面代码是上传资源的过程。

```
public void validate() {
```

```
    if (this.getTitle() == null || this.getTitle().length() == 0) {
addFieldError("title", "文件标题不允许为空!");      }
    if (this.getUpload() == null || this.getUpload().length() == 0) {
  addFieldError("upload", "请选择一个文件!");
    } else {
      try {
        DB mysql = new DB();
        userName = mysql.returnLogin(request);
        rs = mysql.selectFile(request, userName, "biaoti",
            this.getTitle());
        if (rs.next()) {
          addFieldError("title", "文件标题已存在!");
        } else {
          rs = mysql.selectFile(request, userName, "picturn",
              this.getUploadFileName());
          if (rs.next()) {
            addFieldError("upload", "文件名已存在!");
          }          }
      } catch (Exception e) {
        e.printStackTrace();      }      }   }
```

与发布信息一样,也要检测文件名是否重复。如果重复则不允许进行上传。

(3)删除资源实现

下面是删除资源的代码:

```
public String execute() throws Exception {
    DB mysql = new DB();
    userName = mysql.returnLogin(request);
    number = mysql.returnFile(request, "number");
    filePath = mysql.returnFile(request, "filePath");
    String tit = mysql.deleteInformation(request, userName, number);

    if (tit.equals("ok")) {
      String del = DeleteFile(filePath);
      System.out.println(del);
```

```
        if (del.equals("ok")) {
            message = SUCCESS;          }
        message = SUCCESS;//删除成功,返回
    }
    return message;
} }
```

可以看到通过 number 属性查询到需要删除的资源，然后将其删除，如果没有就返回失败，如果有就返回删除成功。

(4)学生管理实现

下面是学生管理，以删除学生为例：

```
public String execute() throws Exception {
  String number = request.getParameter("name");// 获取上个页面传递的 number,用来详情
//    String shijian = request.getParameter("time");//传递,评论的时间,解决同一个人发布的相同信息被同时删除
//            System.out.println("判断是否传递过来,内容:" + shijian);
        DB mysql = new DB();
        userName = mysql.returnLogin(request);
        String tit = mysql.deleteUser(request, userName, number);
        if (tit.equals("ok")) {
            message = SUCCESS;// 删除成功,返回
        }else{
            message = ERROR;          }
        return message;
    }   }
```

通过 number 删除选定的学生。

3. 学生用户功能模块的实现

学生用户主要有资源下载，留言评论等功能，下边一一介绍。

登录后进入学生个人界面下图是学生的个人界面，在此界面可以更改学生的个人信息。

(1)资源下载实现

资源下载是学生选定需要下载的资源后点击下载即可下载，下面是实现过程

```
<%-- <a href="../save/<%=ff.getPicturn()%>">下载</a> --%>
```

```
<%-- <td><input type="submit" text="下载" onclick=""/><%
response.setContentType("../save/"+ff.getPicturn());
response.setHeader("Location","../save/"+ff.getPicturn());
response.setHeader("Cache-Control", "max-age=" + ff.getTime());
//filename 应该是编码后的(utf-8)
response.setHeader("Content-Disposition", "attachment; filename=" +
ff.getFilePath());
response.setContentLength(1000);
OutputStream outputStream = response.getOutputStream();
InputStream inputStream = new FileInputStream(ff.getFilePath());
byte[] buffer = new byte[1024];
int flag = -1;
while ((flag = inputStream.read(buffer)) ! = -1) {
outputStream.write(buffer, 0, flag);}
outputStream.flush();
outputStream.close();
inputStream.close();
outputStream = null;
%>
</td> --%>
```

以上直接写在页面中，通过固定的存储地址，和文件名字即可查询到要下载的文件，点击后即可下载。

(2)留言评论实现

留言评论功能是学生或老师可以在资源下进行留言评论，进入资源界面后在留言板块即可留言，下边是实现：

```
public void validate() {
    if (getNeiRong() == null || getNeiRong().length() == 0) {
      addFieldError("neiRong", "请填写评论内容!");}}
public String execute() throws Exception {
      DB mysql = new DB();
      String mess = mysql.insertLiuYan(request, this.number,
this.userName,
this.neiRong);
```

```
        if (mess.equals("ok")) {
            message = SUCCESS;
        } else if (mess.equals("one")) {
            message = INPUT;}
        return message;}
```

当用户提交评论后，将评论储存到数据库中，并且将它展示到资源下边的评论区域。

用户输入留言评论后，将留言信息存储到数据库中，并且显示到资源下方，有楼层，留言者，留言内容和留言时间，最下边是留言板。

(3)学生注册实现

当学生没有账号时，可以先行注册，然后在登录。下面是注册实现：

```
public void validate(){
    if(getUserName()==null||getUserName().length()==0){
        addFieldError("name","用户姓名不允许为空！");
    }
    if(getSex()==null||getSex().length()==0){
        addFieldError("sex","用户性别不允许为空！");
    }
    if(getBirth()==null||getBirth().length()==0){
        addFieldError("birth","用户生日不允许为空！");
    }else{
        if(getBirth().length()! =10){
            addFieldError("birth","用户生日格式为'yyyy-mm-dd'!");
        }else{
            String an=this.getBirth().substring(4, 5);
            String bn=this.getBirth().substring(7, 8);
            if(! (an.equals("-"))||! (bn.equals("-"))){
                addFieldError("birth","用户生日格式为'yyyy-mm-dd'!");}}}}
```

注册页面有所有需要注册信息，上边是检测用户填写信息格式是否正确，如果正确将其添加到数据库中，下边是实现：

```
public String execute() throws Exception {
    DB mysql=new DB();
  // userName=mysql.returnLogin(request);
```

```
Stringmess = mysql.updateMess(request, this.getUserName(), this.getSex(), this.getBirth(), this.getCollege(), this.getWenti(), this.getDaan());
if(mess.equals("ok")){
    message=SUCCESS;}
return message;}
```

这样整个注册过程就完成了。

3.7　开发过程中用到的关键技术

3.7.1　JSP 技术

JSP(Java Server Page)是由 Sun 公司使用 Java 语言开发出来的一种动态网页制作技术。它是 Java 开发阵营中最具代表性的解决方案。JSP 不仅拥有与 Java 一样的面向对象性、便利性、跨平台等优点和特性,还拥有 Java Servlet 的稳定性,并且可以使用 Servlet 提供的 API、Java Bean 及 Web 开发框架技术,使页面代码与后台处理代码分离,从而提高了工作效率。JSP 技术是以 Java 语言作为脚本语言的,JSP 网页为整个服务器端的 Java 库单元提供了一个接口来服务于 HTTP 的应用程序。JSP 使 Java 代码和特定的预定义动作可以嵌入到静态页面中。JSP 句法增加了被称为 JSP 动作的 XML 标签,它们用来调用内建功能。一般来说 JSP 具有如下特点:

1. 跨平台

JSP 是以 Java 为基础开发的,所以它不仅可以沿用 Java 强大的 API 功能,而且不管是在何种平台下只要服务器支持 JSP,就可以运行使用 JSP 开发的 Web 应用程序,体现了它的跨平台跨服务器的特点。例如在 Windows NT 下的 IIS 通过 JRUN 或 ServletExec 插件就能支持 JSP。如今最流行的 Web 服务器 Apache 同样能够支持 JSP,而且 Apache 支持多种平台,从而使得 JSP 可以在多个平台上运行。

在数据库操作中,因为 JDBC 同样是独立于平台的,所以在 JSP 中使用 Java API 中的提供的 JDBC 来连接数据库时,就不用担心平台变更时的代码移植问题。正是因为 Java 的这种特征,使得应用 JSP 开发的 Web 应用能够很简单的运用到不同的平台上。

2.分离静态内容和动态内容

用Java Servlet开发Web应用程序而言是一种很好的技术。但同时面临着一个问题：

即所有的内容必须在Java代码中来完成，包括HTML代码同样要嵌入到程序代码中来生成静态的内容。这使得即使因HTML代码出现的小问题，也需要有熟悉Java Servlet的程序员来解决。

JSP技术弥补了Java Servlet在工作中的不足。使用JSP技术，程序员可以使用HTML或XML标记来设计和格式化静态的内容部分。使用JSP标记及JavaBeans组件或者小脚本程序来制作动态内容部分。服务器将执行JSP标记和小脚本程序，并将结果与页面中的静态部分结合后以HTML页面的形式发送给客户端浏览器。程序员可以将一些业务逻辑封装到JavaBeans组件中，Web页面的设计人员可以利用程序员开发的JavaBeans和JSP标记来制作出动态页面，而且不会影响到内容的生成。

将静态内容与动态内容的明确分离是以Java Servlet开发Web应用发展为以JSP开发Web应用的重要因素之一。

3.可重复使用的组件

JavaBeans组件是JSP中不可缺少的重要组成部分之一。程序通过JavaBean来执行所要求的更为复杂的运算。JavaBean组件不仅可以应用于JSP中，同样适用于其他的Java应用程序中。开发人员之间可以共享自己编写的JavaBean组件供其他的人员或团队使用，加快了总体开发进程。

同样，JSP的标准标签和自定义标签与JavaBeans组件一样可以一次生成重复使用。这些标签都是通过编写的程序代码来实现特定功能的。在使用它们时与通常在页面中用到的HTML标记用法相同。这样可以将一个复杂而且需要出现多次的操作简单化，大大提高了工作效率。

4.沿用了Java Servlet的所有功能

从Java Servlet基础之上发展而来的JSP技术用来开发Web应用相对于Java Servlet来说更加简单易学，并且JSP同样提供了Java Servlet所有的特性。实际上服务器在执行JSP文件时先将其转换为Servlet代码，之后再对其进行编译。所以可以说JSP就是Servlet，创建一个JSP文件其实就是创建一个Servlet文件的简化操作。理所当然，Servlet中的所有特性在JSP中同样可以使用。

5. 预编译

这是 JSP 的另一个重要的特性。JSP 页面在被服务器执行之前，都是已经被编译好的，并且通常只进行一次编译。这是在 JSP 页面被第一次请求时进行编译的，在后续的请求中如果 JSP 页面没有被修改过，服务器只需要直接调用这些已经被编译好的代码，大大提高了访问速度。而以前的技术，在页面每次被请求的时候，服务器都会载入一个解释器和目标脚本，降低了访问速度。

3.7.2 数据库连接技术

JDBC(Java DataBase Connectivity)是 Java 程序连接和存取数据库应用程序的接口(API)，通过调用这些类和接口所提供的方法，用户能够以一致的方式连接多种不同的数据库系统(如 AcessSQL、Server、Oracle、MySQL 等)，进而可使用标准的 SQL 语言来存取数据库中的数据。

JDBC 的所有类和接口是放在 java. sql 包中，因此在程序开头一定要加上这一行：

```
import java. sql. * ;
```

有了这些还不能实现 Java 应用程序与数据库的连接，因为 JDBC 的基本结构是 JDBC API 配合 JDBC 驱动程序，才能实现数据库的连接，也就是说，只有 JDBC API 没有 JDBC 驱动程序还是不能实现数据库连接操作，为什么呢?

因为不同的数据库系统遵循不同的访问标准，每个系统都有自己独特的特性和数据类型，为使程序顺利运行，程序员必须针对不同的数据库系统，编写不同的数据库访问程序，比如，当前访问的是 MySQL，程序员就需要编写面向 MySQL 的数据库访问程序；当前访问的是 SQL server 就需要编写面向 SQL server 的数据库访问程序，否则程序不能顺利移植。为解决这个问题，Java 提供了 JDBC，JDBC 是一种用于访问数据库和执行 SQL 语句的 Java 编程接口，由一组用 Java 语言编写的类和接口组成。JDBC 对程序员来而言是 API，JDBC 使程序员能够以统一的方式访问各种关系数据库，程序员只需用 JDBC 编写一个程序就可以向不同的数据库发送同样的 SQL 调用，大大提高了 Java 数据库应用程序的兼容性。而 JDBC 驱动程序是用于特定数据库的一套实施了 JDBC 接口的类集。有了 JDBC 驱动程序，开发应用程序过程中，只要在数据库程序中指定使用某个数据库的 JDBC 驱动程序，再通过 JDBC API 就可以连接存取指定的数据库。当连接的是不同的数据库时，只需要修改程序中的 JDBC 驱动程序，无须修改程序其他代码。通过以上分析，可得 JDBC 的体系结构如图 3-48 所示。

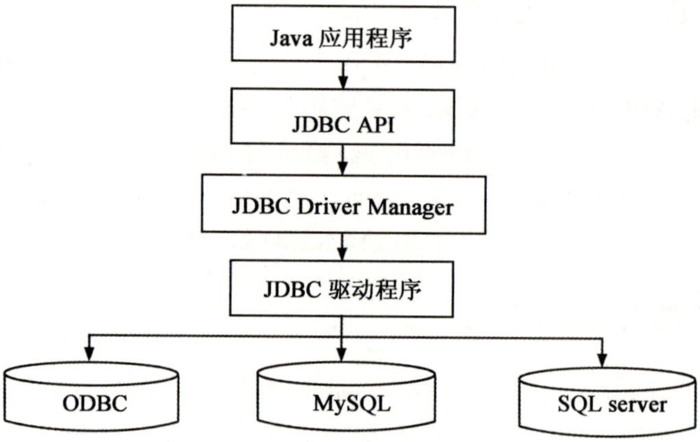

图 3-48　JDBC 体系结构

Sun 公司网站针对不同数据库提供了不同的 JDBC 驱动程序，需要时可以在 Sun 公司网站上下载适当的 JDBC 驱动程序，待下载完成后，在指定路径下将得到的压缩文件解压即可完成驱动程序的安装。

提示　注意解压后不要对解压后的目录名称做任何变更。

JDBC API 的作用是屏蔽不同的数据库驱动程序之间的差别，使得程序设计人员有一个标准、纯 Java 的数据库程序设计接口，为在 Java 中访问各种类型的数据库提供技术。驱动程序管理器(Driver Manager)为应用程序装载数据库驱动程序。数据库驱动程序与具体的数据库相关，用于向数据库提交 SQL 请求。

概括起来 JDBC 的主要有以下 3 个方面的作用：

(1)建立与数据库的连接。

(2)向数据库发出查询请求。

(3)处理数据库返回结果。

3.7.3　利用 JDBC 访问数据库

JDBC 操作不同的数据库仅有连接方式上的差异，使用 JDBC 的应用程序一旦和数据库建立连接，就可以使用 JDBC 提供的 API 操作数据库。

1. JDBC 访问数据库的基本方法

JDBC 提供了 4 种类型的驱动程序用于不同的访问方式，它们分别是：JDBC-ODBC 桥、本地 API、网络协议驱动和本地协议驱动。JDBC-ODBC 桥和本地 API 都需要将特定的驱动程序安装到使用驱动程序的计算机上，通过特定的驱动程序来存取数据库，它使数据库程序的兼容大打折扣；网络协议驱动和本地协议驱动都是由纯 Java 语言开发，只是网络协议驱动需要在服务器上安装中介软件，而本地协议驱动不需安装中介软件。综上所述，本地协议驱动是最佳的一种 JDBC 驱动程序类型，使用本地协议驱动不会增加任何额外的负担。不同的 JDBC 驱动程序造成了 JDBC 访问数据库的不同方式，下面介绍两种常用的连接方式。

(1)JDBC-ODBC 桥连接

使用 JDBC-ODBC 桥连接方式的机制是，应用程序只需建立 JDBC 和 ODBC 之间的连接，而和数据库的连接由 ODBC 去完成。ODBC 是 Microsoft 引进的数据库连接技术，提供了数据库访问的通用平台。ODBC 使用“数据源”来管理数据库，所以必须事先将某个数据库设置成 ODBC 所管理的一个数据源，应用程序只能请求和 ODBC 管理的数据源建立连接。使用 JDBC-ODBC 桥连接方式和数据库建立连接的示意图如图 3-49 所示。

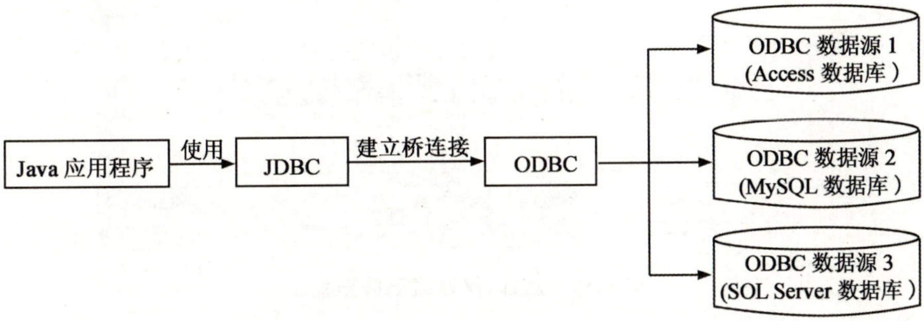

图 3-49　JDBC-ODBC 桥连接数据库方式

JDBC-ODBC 连接数据库的优点是：通过 ODBC 提供的数据库访问通用平台，ODBC 驱动程序被广泛地使用。建立这种桥接后，使得 JDBC 可以访问几乎所有类型的数据库。不足之处就是：这种连接使得应用程序依赖于 ODBC，移植性较差，不能体现 Java 跨平台这一特性。使用 JDBC-ODBC 桥连接访问数据库可以概括为以下三个步骤。

下面假设Java应用程序所在的计算机要访问本地Access数据库文件bookmanager中的信息。

①创建ODBC数据源

创建数据源就是将本地或远程服务器上的数据库设置成自己要访问的数据源。因此,必须保证本地计算机上有ODBC系统。windows XP、windows7都有ODBC系统。创建ODBC数据源的步骤如下。

A.创建、修改或删除数据源

选择"控制面板"—"性能和维护"—"管理工具"—"数据源"。双击"数据源"图标,出现如图3-50所示界面。

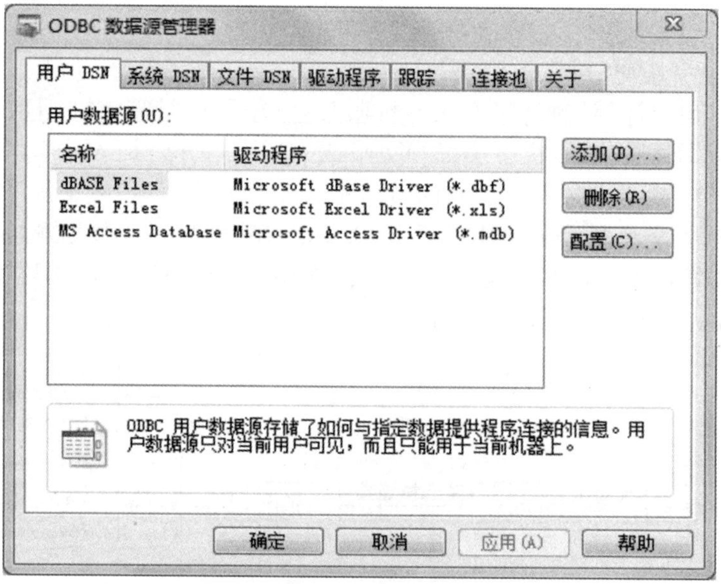

图3-50 添加、修改或删除数据源

该界面显示了用户已有的数据源的名称。选择"用户DSN",单击"添加"按钮,可以创建新的数据源;单击"配置"按钮,可以重新配置已有数据源;单击"删除"按钮,可以删除已有的数据源。

B.为数据源选择驱动程序

在图3-50界面中选择"添加"按钮,出现为新增数据源选择驱动程序界面如图3-51所示。

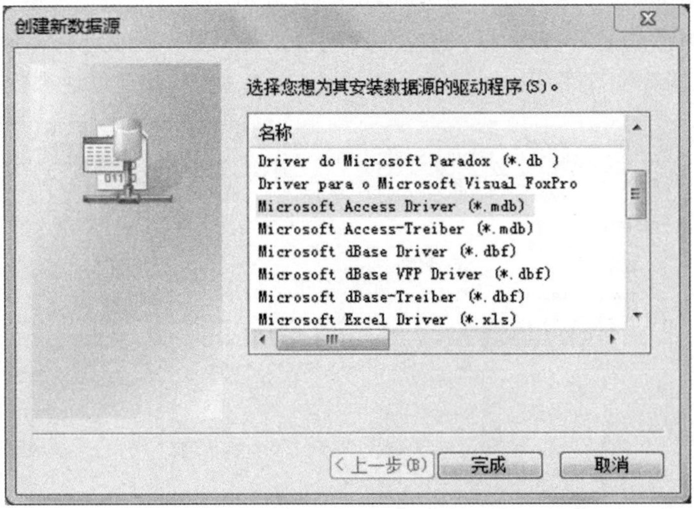

图 3-51　为新增数据源选择驱动程序

因为要访问 Access 数据库，所以选择 Microsoft Access Driver(.mdb)，单击“完成”按钮。

C. 创建数据源

在图 3-51 中，单击“完成”按钮出现 ODBC Access 安装对话框如图 3-52 所示。

图 3-52　ODBC Access 安装对话框

在数据源名栏后，输入数据源名称，这里起名 mybook，在数据库栏下单击“选择”按钮，出现“选择数据库”对话框，选择需要连接的数据库，在此选择 bookmanager，单击确定，出现图 3-53 对话框，创建了一个 mybook 数据源，此至创建数据源结束。

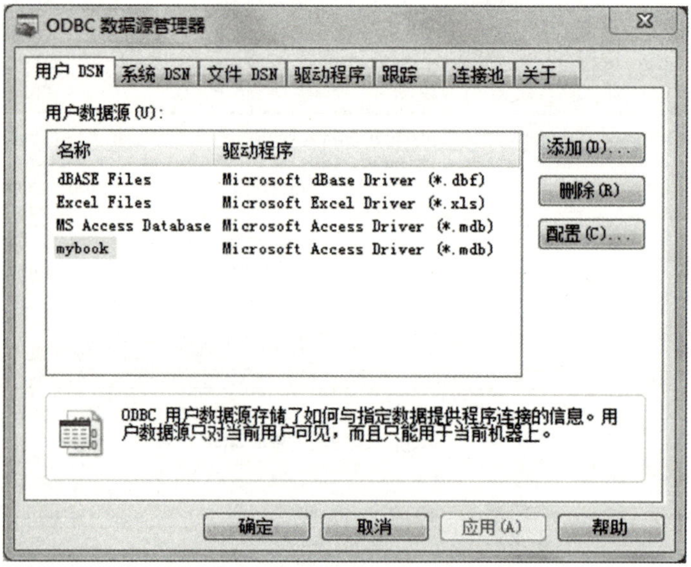

图 3-53　创建完 mybook 数据源对话框

②建立 JDBC-ODBC 桥

JDBC 使用 Java. lang 包中的 Class 类建立 JDBC-ODBC 桥连接。Class 类通过调用它的静态方法 forName()加载 sun. jdbc. odbc 包中的 JdbcOdbcDriver 类建立 JDBC-ODBC 桥。建立桥连接的代码是：

Class. forName("sun. jdbc. odbc. JdbcOdbcDriver")；

③和 ODBC 数据源指定的数据库建立连接

编写连接数据库代码不会出现数据库名称，只会出现数据源名字。首先使用 java. sql 包中的 Connection 类声明一个对象，然后再使用类 DriverManager 调用它的静态方法 getConnection 创建这个连接对象，操作代码如下：

Connection con=DriverManager. getConnection(url，username，password)；

url 的格式如下：

jdbc:odbc:ODBCName

jdbc:odbc 表示当前通过 JDBC-ODBC 连接协议进行数据库访问。

ODBCName 是 ODBC 数据源名称。

【例 1】JDBC-ODBC 桥连接数据库 bookmanager。(先创建数据源 mybook，再编写以下代码)

```
import java.sql.Connection;
import java.sql.DriverManager;
import java.sql.ResultSet;
import java.sql.SQLException;
import java.sql.Statement;
public class TestOdbc1 {
public static void main(String[] args) {
    Connection con=null;
    try{
      Class.forName("sun.jdbc.odbc.JdbcOdbcDriver");
      }catch(ClassNotFoundException e){
         System.out.println("SQLException:");
         e.printStackTrace();         }
    try{       con=DriverManager.getConnection("jdbc:odbc:mybook");
      }catch(SQLException e){
e.printStackTrace();
        }
      System.out.println("数据库连接成功!");    }   }
```

【例 1】使用代码 Class.forName("sun.jdbc.odbc.JdbcOdbcDriver")加载数据库驱动程序，然后再使用 con=DriverManager.getConnection("jdbc:odbc:mybook")语句创建数据库连接对象 con，如果数据库连接不成功，显示异常信息；否则显示"数据库连接成功!"。程序运行结果如图 3-54 所示。

图 3-54　例 1 运行结果

（2）使用纯 Java 数据库驱动程序连接

用 Java 语言编写的数据库驱动程序称为纯 Java 数据库驱动程序。JDBC 可以调用本地的纯 Java 数据库驱动程序和相应的数据库建立连接。JDBC 提供的 API 通过将纯 Java 数据库驱动程序转换为数据库管理系统（DBMS）所使用的专用协议来实现和特定的 DBMS 交互信息。使用纯 Java 数据库驱动程序连接数据库的过程可以用图 3-55 所示。

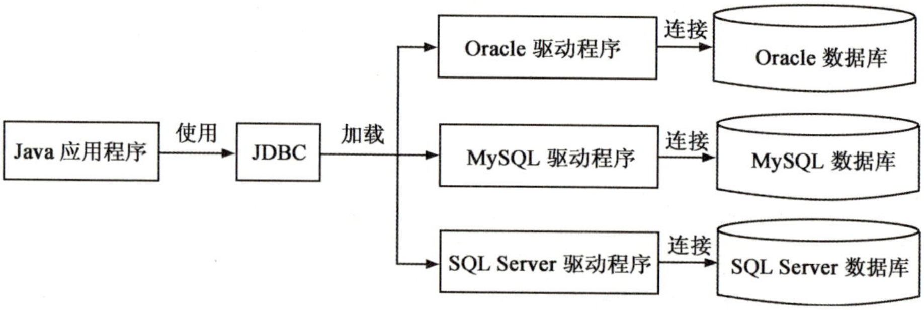

图 3-55　纯 Java 驱动程序连接数据库

使用纯 Java 数据库驱动程序方式连接数据库需要以下两个步骤：

- 加载纯 Java 数据库驱动程序；
- 和指定的数据库建立连接。

①加载纯 Java 数据库驱动程序

纯 Java 数据库驱动程序是独立的连接驱动程序，不需要中间服务器，与数据库实现通信的整个过程均由 Java 语言来实现，访问数据库不需要设置数据源，由于不依赖于 ODBC，所以应用程序的移植性很好。另外采用这种方式连接数据库，只要在 Java 数据库程序中指定使用哪种数据库 JDBC 驱动程序，就可以连接存取指定的数据库，当要连接不同的数据库时，只需要修改程序中的 JDBC 驱动程序，无须对其他程序代码做任何变动。

当使用纯 Java 数据库驱动程序访问数据库时，必须保证连接数据库的应用程序所在计算机上安装有纯 Java 数据库驱动程序。目前，许多数据库厂商都提供了自己相应的纯 Java 数据库驱动程序，使用前根据需要下载并安装相对应的数据库驱动程序。

不同数据库厂商的驱动类名不同，常用的驱动器全名如下：

My SQL：com. mysql. jdbc. Driver

SQL Server：com. microsoft. sqlserver. jdbc. SQLServerDriver

Oracle：oracle. jdbc. driver. OracleDriver

Access：sun. jdbc. odbc. JdbcOdbcDriver

安装完 JDBC 驱动程序后，在 Java 代码中调用 Class. forName()方法，显式加载驱动程序类。如加载 SQL Server 数据库驱动程序，代码如下：

Class. forName("com. microsoft. sqlserver. jdbc. SQLServerDriver")

②和指定的数据库建立连接

加载完驱动程序后，应用程序还需获得与数据库的连接，利用 DriverManager 类提供的 getConnection()方法来建立程序和数据库的连接，若连接成功，getConnection()方法将返回一个 Connection 对象，和指定的数据库建立连接的代码如下：

Connection con＝DriverManager. getConnection(URL，user，password)；

其中 URL 类似于网络资源的统一定位。基本格式如下：

jdbc：subProtocol：subName：//hostname：port；DatabaseName

jdbc：subProtocol 表示通过哪种驱动程序支持的数据库连接协议；

subName 指当前连接协议下的具体名称；

/hostname：port 表示主机名和相应的连接端口；

DatabaseName 表示连接的数据库名称。

例如：通过 Microsoft 提供的协议，选择名称为 SqlServer 的驱动，通过 1433 端口访问本机上的 db 数据库。其对应的 URL 格式为：

jdbc. microsoft：sqlserver：//localhost：1433；database＝db

【例 2】使用纯 JAVA 数据库驱动程序方式连接数据库。

设数据库管理系统为 Mysql，数据库服务器占用的端口号为 3306，待连接的数据库为 msgl，而权访问数据库的用户 ID 和密码分别是 root、duanxe，建立数据库连接如连接成功，显示"恭喜您，数据库连接成功！"，否则显示"对不起，数据库连接失败，请认真检查！"。具体实现代码如下。

```
import java. sql. Connection;
import java. sql. DriverManager;
import java. sql. SQLException;
public class tj {
  public static void main(String[] args) throws SQLException {
    try {
      Class. forName("com. mysql. jdbc. Driver");
      } catch (ClassNotFoundException e1) {
```

```
            e1. printStackTrace();
            }
        String url="jdbc:mysql://localhost:3306/xsgl? useUnicode=true&amp;
characterEncoding=GB2312";
    Connection conn=DriverManager. getConnection(url,"root","duanxe");
            if(conn! =null){
             System. out. println("恭喜您,数据库连接成功!!");
             try{
                conn. close();
             }catch(SQLException e){
                e. printStackTrace();}
             }else{
                System. out. println("对不起,数据库连接失败,请认真检查!");
        }           }          }
```

程序运行结果如图 3-56 所示。

图 3-56　例 2 程序运行结果

使用纯 Java 数据库驱动程序连接数据库不需要创建数据源,只要加载与数据库服务器相匹配的驱动程序,设置对应驱动程序支持的数据库连接协议即可实现连接。

2. 数据库的基本存取过程

当一个数据库连接成功创建完成后,就可以开始与数据库进行会话,在会话周期内,可以通过执行 SQL 语句访问数据库,并处理查询返回的结果。JDBC 提供的 API 可以将标准 SQL 语句发送给数据,实现和数据库的交互。Java 中所有的 SQL 语句都是通过 Statement 接口和 PrepareStatement 子接口所提供的方法,实现对数据库中数据的查询、添加、删除、修改等操作的。使用 JDBC 提供的 API 访问数据库的过程可以概括为以下四个步骤。

①创建操作对象

操作对象是指能执行 SQL 语句的对象，如 Statement 对象。创建操作对象的目的是为了向数据库发送并执行 SQL 语句。这一步要用到 Connection 对象的 createStatement()方法，该方法定义原形如下：

public Statement createStatement() throws SQLException

该方法返回建立的 Statement 对象。由于该方法要访问数据库，如果出现问题，会抛出 SQLException 异常。

例如：

```
Connection conn=DriverManager.getConnection(url,"root","duanxe");
Statement stmt=conn.createStatement();
```

通过连接对象 conn 创建了一个操作对象 stmt，接下来就可以利用 stmt 这个操作对象向数据库发送要执行的 SQL 语句了。

②向数据库发送执行 SQL 的语句

向数据库发送 SQL 语句要用到 Statement 对象的相关方法。Statement 对象提供了多个执行 SQL 语句的方法，下面是两个常用的执行 SQL 语句的方法：

```
ResultSet executeQuery(String sql);
int executeUpdate(String sql)。
```

ResultSet executeQuery(String sql)方法执行 SQL 查询数据库的 SQL 语句，如 select 语句，返回一个 ResultSet 结果集对象。下面代码是查询 student 表中的所有数据，结果返回给结果集对象 rs。

```
String sql=" select * from student ";
ResultSet rs=stmt.executeQuery(sql);
```

int executeUpdate(String sql)方法执行改变数据库内容的 SQL，如 update、insert、delete、create table、drop table 等语句。此方法不需要返回结果集对象，它返回一个整数，表示执行 SQL 语句影响的数据行数。例如下面代码是删除 student 表中学号为 10003 的数据信息。

```
String sql=" delect from student where stuNo="10003"";
int n=stmt.executeUpdate(sql);
```

③处理查询结果

执行更新返回的结果是本次操作影响到的记录条数。执行查询返回的是一个 ResultSet 结果集对象。其实 ResultSet 结果集对象一个数据表，它具有指向其当前数据行的光标，最初光标被置于第一行之前。可以使用 ResultSet 对象提供的

next()方法来移动光标到下一行。如果有下一行记录，next()返回为 true，若没有下一行记录，next()返回 false。ResultSet 对象提供了 getXXX(int columnIndex)和 getXXX(String columnLabel)两种方法，用于从当前行获取指定列的值，其中 XXX 是 JDBC 中 Java 语言的数据类型。getXXX(int columnIndex)方法使用列索引获取值，列从 1 开始编号；而 getXXX(String columnLabel)方法使用列的名称获取值。如下代码就是实现对查询结果处理过程。

```
rs.next();
String userName=rs.getString(2);
String strName=rs.getString("stuName");
```

上面代码通过结果集 rs 对象调用 next()方法，移动光标到记录集的第一条记录，再调用 getString()方法获取字段的值。后两条语句分别使用列索引和列名取得结果集表中第二个字段的值。

④关闭 JDBC 对象

对数据库操作完成后，通常需要依次调用 ResultSet 对象、Statement 对象、Connection 对象的 close()方法，把所使用的 JDBC 对象全都显式关闭，以释放 JDBC 资源。

3.7.4 JDBC 中经常用到的类和接口

为了完成与数据库的交互，Java 提供了一种用于执行 SQL 语句的技术称为 JDBC API，它由一组用 Java 语言编写的类和接口组成，存放在 Java.sql 包下。本节将介绍 Java.sql 包中有关 JDBC 的几个常用类与接口。

1. DriverManager 类

DriverManager 类是 JDBC 的管理层，作用于用户与驱动程序之间。它跟踪可用的驱动程序，并在数据库和相应的驱动程序之间建立连接。查看 JDK API 文档可知，DriverManager 类主要方法有多个。其中方法 getConnection(url)的作用是建立与指定数据库的连接，返回一个连接对象。只有通过数据库连接的对象，才能确定当前对哪个数据库进行访问。

另外，DriverManager 类也处理诸如驱动程序登录时间限制及登录和跟踪消息的显示等事务，如使用 setLoginTimeout()方法来设置驱动程序连接到某一数据库时将等待的最长时间。由于本书只涉及数据连接的简单应用，所以只对其中的 getConnection(url)进行了介绍。

通常情况下，连接到数据库是 Java 编程的第一步工作，对数据库进行存取操作的第一步是建立与指定数据库的连接。这一过程可以细分为两个操作：加载指定的驱动程序和获得与指定数据库的连接。加载指定的驱动程序这一步骤在JDBC4.0规范中成为不必要的步骤，因为在JDBC4.0版本中，DriverManager.getConnection(url)方法可自动加载JDBC Driver，以前的版本中仍需要通过编码调用方法Class.forName()显式地加载对应的驱动程序类。加载完驱动程序后，就可以利用DriverManager.getConnection(url)显式的获得到数据库的一个连接。如下代码是省略Class.forName()显式地加载对应的驱动程序类语句，直接利用DriverManager.getConnection(url)显式的获得数据库的一个连接的实例。

2. Connection接口

上面提到DriverManager调用getConnection(url)方法将返回一个Connection类的对象，此处的Connection类型对象代表是java.sql包下的是Connection接口一个实现类对象，表示与特定数据库的连接。Connection类对象除了负责维护Java数据库程序和数据库之间的连接，还提了重要的方法，通过这些方法可以创建另外几个常用的类，如Statement类等，使用这些提供的方法，可以在上下文中传送并执行SQL语句并返回结果。

3. Statement和PreparedStatement接口

当建立了到数据库的访问连接后，就可以对数据库进行存取操作。为了完成这一工作，还需要一个Statement对象，Statement用于执行静态SQL语句并返回它所生成结果的对象。上面讲到使用Connection类调用createStatement()方法可以创建一个Statement对象。Statement对象将SQL语句发送到数据库。通常不带参数的SQL语句使用Statement对象执行。如果多次执行相同的SQL语句，使用PreparedStatement对象可能更有效。

PreparedStatement接口是从Statedment接口继承而来，用于执行带或不带IN参数的预编译SQL语句。PreparedStatement对象也可以通过Connection类调用preparedStatement()方法得到。PreparedStatement对象将参数化的SQL语句发送到数据库。带有参数的SQL语句，其中参数部分先用"?"作为占位符，等到需要真正指定参数执行时，再使用相对应的setXXX()方法指定"?"处真正的参数值。例如代码：

```
PreparedStatement pstmt = con.preparedStatement("select * from book where bookName=?");
pstmt.setString(1,"红楼梦");
```

是将"红楼梦"作为参数值传递给preparedStatement()方法的第一个参数

bookName。从而创建一个 PreparedStatement 对象 pstmt。

4. ResultSet 接口

当使用 Statement 和 PreparedStatement 类提供的 executeQuery()方法来传送 Select 命令以查询数据库时，executeQuery()方法会将数据库响应的查询结果存放在 ResultSet 类对象中，也就是说 ResultSet 对象是一个由查询结果构成的数据表。在 ResultSet 类中提供了一系列对数据库进行添加、删除和修改等操作，其效果就如同我们使用 SQL 命令存取数据库一样。另外，ResultSet 类还提供了一系列能随意移动记录指针的方法，以加强程序的灵活性和提高执行效率，ResultSet 类提供的常用方法很多，其中 ResultSet 类的方法的作用可以分成改变指针位置、获取列的值、更新结果集三大类。

(1)改变指针位置

ResultSet 对象具有指向其当前数据行的指针。最初，指针被置于第一行之前。next()方法将指针移动到下一行，因为该方法在 ResultSet 对象中没有下一行时返回 false，所以可以在 while 循环中使用它来迭代结果集。除了使用 next()方法移动光标迭代访问每一条记录外，ResultSet 对象还提供了其他操作指针的方法，如绝对定位的 absolute(int row)方法，是将指针定位到给定的行编号处。previous()、first()、afterLast()、beforeFirst()等方法分别将指针移到上一行、第一行、最后一行之后、第一行之前等。

(2)获取列的值

方法 getXXX 提供了获取当前行中某列值的途径。get 后面跟的是 JDBC 所支持的数据类型，例如 getInt()方法返回的是一个整型字段的值，而 getString()方法返回的是 String 类型的值。在每一行内，可按任何次序获取列值。但为了保证可移植性，应该从左至右获取列值，并且一次性地读取列值。下标或字段名都可用于标识要从中获取数据的列，下面通过以下三种方式获得当前记录指定列的列值。

通过下标获得当前记录指定列的列值

语句格式：getString(String columnIndex)

ResultSet 结果集对象中字段的排列是从 1 开始的，例如，结果集中当前记录行第 1 列字段 bookNo 类型为 Int 类型，使用 rs. getInt(1)方法获得第 1 列字段的值；第 2 列字段 bookName 类型为 String 类型，使用 rs. getString(2)方法获得第 2 列字段的值。如下代码：

```
String sql="select id,name,balance from account";
ResultSet rs=stmt. executeQuery(sql);
while(rs. next()){
```

```
String id=rs.getString(1);
String name=rs.getString(2);
int balance=rs.getInt(3);
System.out.printf("id:%s, name:%s, balance:%d\r\n", id, name, balance);
}
```

使用记录列的索引值获取当前记录指定列的值。

通过字段名获得当前记录指定列的列值。

通过索引值访问记录的列值，要求每个字段的顺序必须要稳定，为方便操作可以通过字段名获得对应字段的值。语句格式为：

```
getString(String columnLabel)
```

上面代码可以改写成如下形式。

```
String sql="select id,name,balance from account";
ResultSet rs=stmt.executeQuery(sql);
while(rs.next()){
String id=rs.getString("id");
String name=rs.getString("name");
int balance=rs.getInt("balance");
System.out.printf("id:%s, name:%s, balance:%d\r\n", id, name, balance);
}
```

通过字段名或下标获得当前记录未知类型的指定的列值。

上述两种方法都需要事先掌握每个字段的类型，如果 getXXX()方法类型和字段的类型不一致且不能自动转换时，就会抛出异常。对于这一问题 ResultSet 类提供了一种新的方法，采用 getObject()方法获对应字段的值。如下代码。

```
Object id=rs.getObject("id");
Object name=rs.getObject("name");
Object balance=rs.getObject("balance");
```

使用 getObject()方法获对应字段的值，getObject()方法也有通过下标或字段名获取指定列值两种方式。

(3)更新结果集

默认的 ResultSet 对象不可更新，仅有一个向前移动的指针。因此，只能迭代它一次，并且只能按从第一行到最后一行的顺序进行。在建立 Statement 对象时可指定结果集类型为可更新结果集，语句格式如下：

Statement stmt = con.createStatement(int resultSetType, int resultSetConcurrency);

参数 resultSetType 表示结果集类型，它可以是下面三种类型之一。

ResultSet.TYPE_FORWARD_ONLY：只前进的，默认值。

ResultSet.TYPE_SCROLL_INSENSITIVE：可滚动的，但是不受其他用户对数据库更改的影响。

ResultSet.TYPE_SCROLL_SENSITIVE：可滚动的，当其他用户更改数据库时这个记录也会改变。

指定结果集类型时，还必须指定并发类型。

参数 resultSetConcurrency 表示并发类型。它是 ResultSet.CONCUR_READ_ONLY（只读的 ResultSet）或 ResultSet.CONCUR_UPDATABLE（可修改的 ResultSet）之一。

当 Statement 对象的结果集类型是可更新的时候，ResultSet 对象具有一个与其关联的特殊行，该行用作构建要插入的行的暂存区域（staging area），利用它可以完成向数据表的插入操作。如下代码。

```
rs.moveToInsertRow();
rs.updateString("id", uuid.toString());
rs.updateNString("name", name);
rs.updateInt("balance", balance);
rs.insertRow();
```

先将指针定位到插入行位置，然后更新每个字段的值，最后再将插入行的内容插入到此 ResultSet 对象和数据库中。

3.7.5 精品课程网站从 PC 端向 Mobile（移动）端的转换

本文中开发的精品课程网站实现了从 PC 端向移动端的转换。实现方法是基于云适配技术，在原 PC 网站植入一行 JS 代码，当检测到来自移动端的访问后，开始在云端进行网页的调整、重排，网页转换过程处理快，反馈速度也快，然后自动调用做好的网页返回给浏览器。云适配在转换之前都会让用户先提交 URL，然后通过分析、分离数据和样式对分离后数据和样式进行重新渲染，减少 HTTP 连接、优化代码，最终产生的云适配后的网页，储存到云端。当用户访问网站页面时，云端会根据访问设备的不同，发送不同的适配样式，进行即时干预并优化网页显示效果，实现跨平台网站的创建、优化、增值。在保持原精品课程网站内容基本不变的基础上,实现对从 PC 端向 Mobile 端的转换,满足了学生利用碎片时间访问精品课程网站的需要。精品课程网站向移动端的转换,有助于学生多元化学习,激励学生的学习兴趣,增强学生的学习效果,为学校的教育教学工作开发了一个良好的平台。

3.7.6　HTML5 技术

HTML 即超文本标记语言或超文本链接标示语言，是目前网络上应用最为广泛的语言，也是构成网页文档的主要语言。HTML 文本是由 HTML 命令组成的描述性文本，HTML 命令可以说明文字、图形、动画、声音、表格、链接等。HTML 的结构包括头部(head)、主体(body)两大部分，其中头部描述浏览器所需的信息，而主体则包含所要说明的具体内容。另外，HTML 是网络的通用语言，一种简单、通用的全置标记语言。它允许网页制作人建立文本与图片相结合的复杂页面，这些页面可以被网上其他任何人浏览到，无论使用的是什么类型的电脑或浏览器。也许你听说过许多可以编辑网页的软件，事实上，你不需要用任何专门的软件来建立 HTML 页面；你所需要的只是一个文本编辑器(或文字处理器)(如 officeWord、记事本、写字板等)以及 HTML 的工作常识。

3.7.7　JavaScript 技术

JavaScript 是一种能让你的网页更加生动活泼的程式语言，也是目前网页中设计中最容易学又最方便的语言。你可以利用 JavaScript 轻易地做出亲切的欢迎信息、漂亮的数字钟、有广告效果的跑马灯及简易的选举，还可以显示浏览器停留的时间。让这些特殊效果提高网页的可观性。JavaScript 是前台代码中重要组成部分，随着版本的延续，产品越做越大,JavaScript 层面的重构，需要在整个过程中逐步强化起来。当代码量达到一定程度，JavaScript 最好能够与页面模块组件(例如自定义的 freemarker 标签)一起被模块化。模块化带来的最大好处就是独立性和可维护性,不用在海量的 JS 中定位问题位置,简单了,也就更容易被理解和接受,更容易被定制。模块之间的依赖关系最好能够保持简单，例如有一个 common. js，成为最通用的函数型代码，不包含或者包含统一管理的全局变量，要求其可以独立发布,其他组件. JS 可以轻松地依赖于它。例如，经常需要对字符串实现一个 trim 方法,可是 JS 本身是不具备的，那么就可以在这个 common. js 中扩展 string 的 prototype 来实现，这对外部的使用者是透明的。

3.8 软件测试

系统测试是将需测试的软件，作为整个基于计算机系统的一个元素，与计算机硬件、外设、某些支持软件、数据和人员等其他系统元素及环境结合在一起测试。在实际运行(使用)环境下，对计算机系统进行一系列的集成测试和确认测试。系统测试的目的在于通过与系统的需求定义作比较，发现软件与系统定义不符合或与之矛盾的地方。

3.8.1 软件测试的方法和步骤

该系统在本地机上进行运行和调试，鉴于对系统的内部结构和处理事务的完全了解以及对系统功能的全面掌握对系统进行白盒测试和黑盒测试。

在开发软件系统的过程中，需要面对错综复杂的问题，因此，在软件生存周期的每个阶段都不可避免地会产生错误。本系统的测试阶段信息流程如图 3-57 所示。

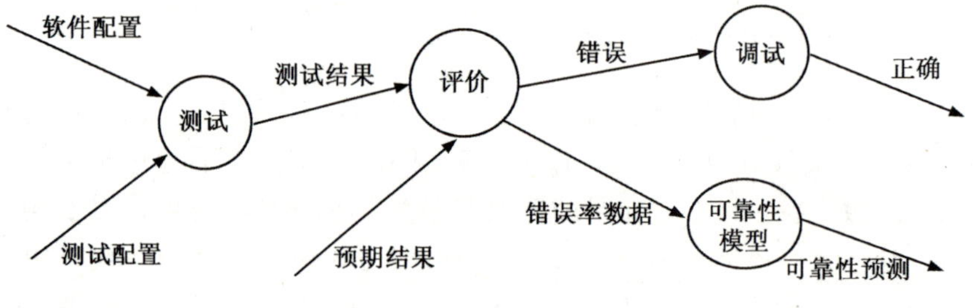

图 3-57　测试阶段信息流程图

为了设计出有效的测试方案按照下面准则进行测试：所有测试都应追溯到用户需求；在完成了需求模型就要着手制定测试计划，在编码之前对所有测试工作进行计划和设计；从小规模开始逐步进行大规模测试，通常先重点测试单个程序模块再转向集成的模块簇；精心设计测试方案，尽可能充分覆盖程序逻辑使之达到要求的可靠性。

按照软件工程的观点，软件测试(主要是指多模块程序的测试)包括 3 个层次：

(1)单元测试。单元测试的用例从单元详细设计中导出。在单元测试中可以采用功能性测试和结构性测试两种。

(2)集成测试和确认测试。这一阶段的任务，是通过了单元测试的模块逐步组装起来，通过测试与纠错，最终得到一个满足需求的目标软件。

(3)验证测试。在测试步骤中所发现的往往是需求规格说明的错误。系统测试是功能性测试而不是结构性测试。测试中采用了白盒测试和黑盒测试相结合的方法。

3.8.2　测试用例设计与测试用例的运行过程及测试结果分析

1. 模块测试

用例：注册模块测试

用例	测试数据	预期结果
1:输入空用户名	用户名:	提示用户名不能为空
2:输入空密码	密码:	提示密码不能为空
3:输入重复密码	密码:	提示两次密码必须一致
4:输入 E-mail	E-mail	提示 E-mail 格式不正确

当用户输入的信息错误时系统会出现相关提示，系统会停留在本页面。

2. 集成测试

把经过单元测试的模块放在一起形成一个子系统并对它进行测试用于检验模块相互间的协调和通信，这里主要对图书管理员功能系统进行了测试，经过检验其功能均得以顺利实现。

把经过测试的子系统装配成一个完整的系统进行测试，经过黑盒测试与白盒测试相结合的方式，对整个系统的各个功能模块进行了测试，并调试改正其中的设计和编码错误，经过这个环节的操作整个系统的功能基本实现成功运行。

第4章　基于微信的微课学习系统设计与实现

4.1　Java 课程学习现状与需求分析

山西工程技术学院从 2005 年就开设了 Java 程序设计课程，该课程与传统的课程一样经历过从传统讲台上的板书到用投影以及 PPT 多媒体课件等教学方式。不可否认，PPT 投影教学课件的应用改善了传统教学模式中的一些弊端，比如不生动形象，提高了学习绩效，但面对 Java 程序设计这门探究开放性强、更新速度快的课程，笔者在教学过程中还是有力不从心的感觉，为此根据对高校 Java 程序设计与传统教学模式的了解，笔者基于微信开发了微课程学习系统，为微课程教学模式的探索及 Java 程序设计课程教学的有机整合提供了一个系统化的平台。微课程学习自主系统搭建完成后最主要的使用者是学习者，因此笔者随机对山西工程技术学院 1407 班级的 40 个学生进行问卷调查，通过"Java 微课程平台构建"问卷了解他们目前使用微信的情况以及对课程的需求，并对需求进行分析。

4.1.1　学生需求的分析

当笔者提出要在微信上构建一个微课程学习平台时，80％的同学都很感兴趣，并对微课程的功能集思广益，从问卷调查的结果分析发现，95％以上的学习者都经常使用微信，但功能仅限于娱乐，通过该问卷总结学生需求，笔者认为微课程的自主学习系统需满足以下几种条件，首先是菜单功能设计，学习者希望简单直观，导航功能一目了然，既然是学习支持系统，学习者可以方便地自主使用，无须知道。其次是便利性，要想让学生们经常使用平台，步骤一定不能烦琐，国内外之前的很多微课程平台都是基于计算机，学习者必须打开电脑，这样就限制了学习地方与环境必须有计算机。最后是拥有丰富的资源库以及评价反馈系统，除了可以了解到与 Java 课程有关的信息，还可以随时咨询老师进行学习的评价和反馈。

4.1.2　课程需求的分析

笔者通过对 Java 程序设计程内容分析认为该课程学习内容太多而课时太少，每节课老师上课都像在赶课一样，填鸭式的灌输很多新的知识，往往学生刚上课还没进入状态，一个知识点就已经讲过去了，高校里下了课师生都去各忙各的，学生有时有一些疑问也因为这样那样的问题没有得到解决。其次，这门课程的内容表现形式较单一，除了理论就是代码，对学习者而言，如果对这门课程的兴趣不是特别大，便会很快失去对这门课程的兴趣。

最后，笔者认为课程资源整合得不够，有些学生上课前本来想进行课程的预习，却不知道怎么预习，也不知道重难点在哪里，没有一个学案导学，导致学习的绩效不高，比较茫然。Java 课程是一门程序设计语言，行业资讯更新速度很快，可现实是往往教材相对滞后，学生往往不知道行业最新的资讯。

总结以上需求，基于微信的微课程学习系统首先应该有便捷的导航菜单，其此必须加入教案的设计来引导学习者进行自主学习，还应有课程的学习资源、学习目标的测试，学习评价与教学咨询平台等功能。笔者认为微课程与移动学习的网络教学系统与平台的研究必将成为未来教育学者，一线工作者所要探索的新领域，因此本文的研究很有必要。

4.2　微课程学习系统的功能设计

4.2.1　功能设计

微信公众平台又叫微信公共平台，是深圳腾讯公司以微信为基础，开发出的平台化的功能模块。通过微信公众平台，每一个公司、企业、个人都可以建立一个自己的微信公众账号，并可以通过后台管理在微信平台上实现和某些特定群体的文字、图片、语音的全方位沟通，互动。微信平台将微信公众账号分为服务号和订阅号两种，如果运营该公众号的主体是一相关理论与技术些组织 ，比如企业、媒体等，便可以申请服务号，而运营公众好主体是组织或个人的，则可以申请订阅号。不同账号的区别如下：订阅号的宗旨是为用户提供信息资讯。如：佛学智慧故事，探村等。每天都可以发送 1 条群发消息给关注此订阅号用户一条消息，将会显示在微信的收信栏。订阅号也可申请自定义菜单,但功能相对比较单一。而公众平台服务号,是微信公众平台所属的一种账号类型,它的宗旨便是为用户提服务类的内容。如:中国银行、新华网、京东。微信的通讯录我们可以找到服务号的菜单,打开后就知道了我们微信所关注的每一个服务号,服务号的核心功能在于可以自己创建自定义菜单,使用自定义的功能。

通过对移动学习,微课程,微信国内外现状的分析,结合一些云服务器的先进技术,笔者总结出基于微信的微课程学习平台的核心模块应该包含学案展示,微视频播放,配套资源,学习测评,完善的服务器五部分。

第一,该平台应当以学习者为中心,因为每个学习者在平台中所需要学习的知识内容不一样,学习知识点或者微视频所需要的时间一定,所以应当将该平台设计成学生自主选择知识内容,根据自身对知识掌握的能力以及菜单提示,学习哪部分内容自由选择。学习者是教学过程中的核心,只有满足学习者需求的微课程学习支持平台才能被学习者接受使用,国内很多自己建设的微课程自主学习平台往往面临建好了没有人使用便是因为没有以学习者为中心遭遇失败。

第二,完善的学习支持服务,通过一系列的交互行为来帮助学习者解决学习中所遇到的困难是支持服务的存在意义,它不但要帮助学习者完成自主学习,还应想办法提高学习者参与学习的动力,由于微课程是信息化互联网时代的产物,我们就应将学习支持服务与互联网相结合,比如推出在线咨询老师,分享学习内容等功能。

第三,完善的配套资源,微课程并不单单只是微视频,微视频只是微课程的一种方式,它还应该有学案的设计,课程的重难点,学习任务单,关联课程等,基于它是新型的学习方式,所以需要安排与之相配的课程体系,即完善的配套资源。

第四,界面及导航设计和后台管理。与所有的平台设计一样,界面的美观度与菜单设计的便利性是极为重要的,它直接影响了学习者的体验,所以我们所设计的微课程学习支持平台应该注重界面和菜单的设计,后台管理主要是服务器的架构,首先是资源的有效上传与下载,其次是资源的安全,最后是调用资源时服务器的响应速度,响应速度的快慢也是影响学习者体验的重要因素,一样要注意加强。

通过分析国内外具有代表性的微课应用平台,比如可汗学院,浙江微课网等的设计框架和特色功能,笔者结合国内外微课程与移动学习研究现状,设计了基于微信的微课程学习支持系统。该系统依托微信公众平台,主要的服务对象是学生和教师。学生通过手机或者平板、电脑、微信客户端可以直接通过菜单或者关键词回复进行课程的学习，回顾，源代码的查询，咨询老师等。教师通过简单的后台管理，上传每日的教学案或者重难点，即教师可以将源代码，课程重难点语句每天在后台进行更新，然后管理平台机器人进行实时答复。教师的功能设计除了管理后台的知识内容，还可以通过后台的数据统计，实时了解每天有多少学生登录查询，查看了哪些知识点，询问了哪些问题，教师可以进行讲解等。在之前很多微课程的应用平台中，因为平台的成本建设以及软件问题等多重因素，导致国内大量移动学习支持系统功能单一，界面不够人性化，操作起来烦琐，都避免不了一个账号密码的申请，而以微信平台为基础，我们可以省去注册这一环节，我们通过将平台的账号或者二维码告诉大家，大家使用自己的微信号添加一次就可以开始正常使用，十分便捷。

4.2.2　微课程平台学习模块设计

首先，我们创建以“快乐学习大家庭”为名的微信公众平台，在平台初期搭建中我们选择了微信公众平台的订阅号，在一级菜单中，我们设置了《新闻资讯》《课程内容》《咨询交流》三个菜单，在《新闻资讯》里添加了“学院动态”“行业动态”“名家讲堂”等栏目，在《课程内容》的子菜单中我们设置了“课前学案”“知识回顾”“实训内容”“咨询老师”“微视频播放”“学习目标测试题”，在《咨询交流》设置了一些“课堂任务”“作业答案”“咨询老师”等。现在我们开始逐一阐述各个功能模块的功能：

第一，《新闻资讯》模块。该模块主要是辅助性的功能，帮助同学们更快的了解一些行业内最新的资讯，一些优秀的文章，比如学院的最新通知，名师讲座，还有计算机行业，Java 行业等。具体如下该模块下的学院动态，比如学院通知的活动和会议一般是学院通知给辅导员，辅导员通知给班长，然后班长通知到班级里的每一个同学，由于经常会出现一些人没有收到学院的某个通知而耽误错过了一些活动。而通过本模块，学院最近有什么事完全可以通过简单的几步，在手机里通过本平台的操作，来了解学校学院最新的动态。很多同学就能避免经常错过学院一些重要通知的问题。

而名家讲师模块，是教师通过自己对学生的言传身教，在国内外如此多的专家学者中，推荐一些适合班级里的学生好好研究的一些优秀专家。避免学生浪费时间在无用的一些内容上。提高学生的效率。

行业动态模块，主要是解决很多同学学习专业课上存在一些疑惑性，比如笔者在任教时，经常有学生会过来提问，比如同一本书，同一个功能的代码实现，不同的专家会用不同的代码，会有很多不同的作者，不同的出版社，他们在挑选这些专家或者优秀的学者时存在一定的盲目性。计算机的发展日新月异，如何让他们在如此多的知识海洋里，取其精华，去其糟粕，也是笔者经常思考的，作为一名老师，是可以给学生做这个指导的，因此这个模块就是为了给学生推荐一些最适合他们的文章，适合他们水平可以看懂的一些源代码和功能上实现。

第二，《课程内容》模块。该模块是该平台的最主要功能，负责 Java 微课程的分布与学习。该模块下的知识回顾，主要是教师将已经上过的课程内容中的重难点，或者一些关键的内容存放在这里，让学生可以随时通过自己的移动终端进行回顾，而教师可以通过后台每个知识点的访问记录，来了解学生们是在哪几个知识点关注的最多，来让教师明白哪一些内容没有讲清楚，达到再给学生巩固一遍的效果。该模块下的课前学案，主要是指教师每天更新上课的内容，将下节课所要讲课的重难点提前发布到这里或者制作一个简短的带有视频的微课程，让同学们可以在闲暇时间或者课前阅读，一目了然，学生课前或者吃饭期间或者坐公交，甚至上厕所，都可以拿出手机在微信里通过 5 分钟左右就了解学习到下一节课讲课的重点难点在哪里，以便上课的时候更加清楚在哪一块知识点应该更加用心，达到预习的目的，提高教学质量的目的。该模块下的实训内容，主要是在《课程内容》理论课上完之后，同学们紧接着就是实训课，进行上机的实践操作，而在实训课中经常出现每个学生所出现的语法错误不一样，即不同的同学有可能出现的错误不一样，在课堂下由于时间的关系又不能逐一详细讲解，所以在课程结束后，老师便可以通过实训内容这个模块，将刚才上机所需要练习的程序语句的正确代码公布，这样每一个同学可以自己根据自己练习的情况与实训代码进行对照，如果仍对代码存有疑惑，可以通过咨询老师来得到正确地解答。

微视频播放模块是指学生可以通过该功能模块实现微视频的播放，教师选择一些优质的与 Java 课程相关的微视频资源传送到后台，学生通过进入这个模块直接学习微视频。

咨询老师功能模块，顾名思义，就是在传统的课程中，因为时间较少，提问的同学又比较多，难免会出现一些同学的问题上课不能得到老师的正确回答，而现在的高等院校，下了课学习或去追问老师的情况越来越少，我们的咨询老师功能模块就是为解决这个而存在，学生可以在该功能模块下直接提问，后台会自动记录，是谁在几点几分提问了什么问题，但老师回到办公室或者回到家里，一打开后台就可以收到该同学的提问，然后对该同学所提出的问题进行解答。

学习目标测试题是指学习者对学案进行学习后，通过学习目标测试可以检查并巩固自己刚才所学的知识，或通过微课程学习平台进行微视频，激发学习者的学习兴趣，帮助学习者提高自主学习的能力和提高学习效率。

第三，《交流互动》模块，该模块的主要功能不单是布置作业，还有很多便捷的其他功能，比如查火车票，查询天气情况，查快递，讲笑话等很多便利性，趣味性的功能，增加此功能是希望学生在学习之余，不单单只是将这个平台定性为学习，让他们通过这个模块感受到计算机技术所带来的诸多便利性，提高他们的求知欲望，进而达到促进学习动力的目的。

本系统的设计主要关注：

第一，注重交互和信息反馈。微课程自主学习支持系统设计了答疑模块。如果学习者在学习微课程的过程中遇到了疑问，可以向系统提交问题，系统将学生的疑问提交到教师端，教师就可以针对学习者的疑问做出即时的回答。以此避免学生的疑问无法得到即时解决的弊端，从而增加学习者自主学习的积极性。微课程自主学习支持系统提供的“点赞”和评价功能可以满足学习者对微课程的评价需要。一方面体现了学生作为主体的教学中心地位，另一方面为教师完善微课程教学设计提供有效意见。

第二，体现微课程的本质特征。微课程自主学习支持系统根据微课程的本质要素，设计了任务单。包括学习目标、学习任务、学习方法等。任务单要求教师将教学目标转化为自主学习目标，基于微信平台的微课程学习支持系统分析与设计以任务驱动学习，提高学习者参与学习的积极性。系统提供的记录笔记的功能可以满足学习者在学习的过程中即时记录笔记的需要。方便快捷，有益于培养学习者良好的学习习惯。

第三，注重对学习效果的有效评价。科学、完善的评价机制可以检验学习效果。在翻转课堂教学模式中，要求学习者在学习完微课程之后达到深度学习的效果，这样才能在课堂中解决实际问题和与同学进行经验分享，有效的评价可以加强教师掌握学生的课外学习情况，从而能即时有效地调整教学策略。在微课程自主学习支持系统中，学生在完成微课程的学习之后必须完成测试，测试结果提交给教师端，教师通过查看学生的测试详情来评价学生的学习效果，将测试结果即时的反馈给学生。教师可以获得学习微课程的所有学习者的测试结果，通过数据分析可以帮助教师掌握班级的整体学习情况。

4.2.3 微课程平台后台模块设计

学生在前台的操作与学习离不开教师在后台的管理，后台各功能模块设计如下：

群发功能模块：该功能是指教师在该模块中所发的每个信息都会以一条微信消息即时推送到关注该平台的每一位用户即学生的客户端（也就是微信）中。比如让学生重点关注下一节课哪一个重要知识点，比如有时候教师需要调课，通知到每一个学生等，该功能可以帮助教师快速发布一些信息。

投票管理：这个模块的所需要完成的功能就是：比如教师讲了一节课，讲完课又不知道学生的反响是怎么样的，如果在班级里询问，学生又会有这样那样的顾虑，最后导致评测结果不真实可靠，传统的基于微信平台的微课程学习支持系统分析与设计问卷调查首先要制作文档，然后打印，然后发下去让学生们填写，诸多不便，当教师使用这个投票功能，因为是不记名的，每个学生用自己的手机投出自己真实的想法，让老师可以了解到真实的情况，该模块的功能主要有这些的。

自动回复模块：该模块的功能十分重要，教师不可能 24 小时守在电脑面前实时回复每一位学生所提出的问题，对于一些问题，教师可以通过人工智能，提前对一些热点的关键词进行设置，当一些学生发送的消息触发了这些关键词，平台的自动回复就会像智能机器人一样进行实时回复，这些不但提高了效率，更让学生对机器人，对平台产生好奇，进而增加学生的求知欲望。在学生所体验的前台服务中，笔者所提供的查火车票，查询天气情况，查快递，讲笑话等很多便利又有趣的功能都是通过自动回复模块来进行设置的。

消息管理模块：该模块可以实时显示每一天每一秒系统内学生所发送的消息，比如某一刻一个学生在系统内咨询了一个问题，系统所设置的自动回复没有给出正确的解答，这时教师就可以快速回复给该学生。教师也可以通过该模块观察每天学生所发送的消息，得知学生每天在关注哪些内容，了解学生的习惯，进而提高上课时的教学效率。

素材管理模块：该模块是存放教师每天需要上传的一些好的素材或内容，具体分为图文消息、图片库、语音、视频四大块。图文消息就是做一些解释的图片，比如 JAVA 课堂中的一个语法，一个重难点程序，除了配图外可以加一些老师强调的内容，而图片库是用来存放图片的，比如最近需要哪些配图给学生发，可以存放在素材管理中的图片库中，语音板块用来存放老师的音频，最后的这个视频板块，就是用来存放我们的微课程，因为微课程都是简短到 5～8 分钟的一些小视频，所以可以通过推送视频来完成微课程推送，学生可以直接收到，然后点开直接阅读教师所发送过来的视频，中间省去很多环节，提高学生的学习效率，不限时不限地方，满足随时随地学习的需求。

用户管理模块：该模块可以对班级里的学生（即关注本系统平台的用户）进行管理，比如看有多少人关注本平台，还可以通过名称备注功能，将学生用户的微信名称更改为真实的姓名，实时了解每天系统内用户数的变化，教师如果发现有突然大量学生流失，取消关注，就要反思平台内容了。

然后是统计模块，主要细分为三大块，用户分析、图文分析和消息分析。

用户分析模块与用户管理模块是不一样的，用户分析模块是具体到每一个具体的用户学生身上，比如对某个用户进行备注，进行私聊等，而我们的用户管理是笼统的，以整个用户数为基数，它具体的工作是提供一些指导性的指标，以用户增长这块来说，它可以给我们提供昨天新增加了多少用户，昨天取消关注了多少用户，累积一共有多少的用户关注了我们的平台，除此之外，它可以更加细分化，比如除了昨天的人数变化，它可以通过设置时间，比如说 7 天以内增加了多少人数，14 天内增加了多少，或者自定义来让教师进行观察，还可以观察用户是怎么添加的我们这个公众平台，比如说通过搜索我们这个公众号名称添加进来的，还是搜索我们微信号，又或者是名片分享，或者二维码扫描等很多种方式，这些结果所呈现的方式有趋势图，详细数据两种。

而图文分析统计模块提供了图文统计和图文群发两种功能，图文统计的功能就要重要得多，它可以提供诸如图文页阅读次数、原文页阅读次数、分享转发的次数、微信收藏人数，以日、周、月为单位，可以自定义查看，可以通过 7 天、14 天、30 天，等等。还可以通过阅读渠道来进行区分，比如是自己查看到的，还是微信好友进行转发的等方式，让教师清楚地知道自己所发的学习内容还有微课程在同学中受欢迎的程度，根据阅读量的高低来调整微课程的内容，进而提高学习的效果。而图文群发功能可以让教师进行回顾，看看最近群发的内容是哪些，具体内容是什么。

消息分析模块是最为直观体现该移动学习支持平台受欢迎程度的关键指标，在消息分析模块内设置了消息发送人数、消息发送次数、人均发送次数三类，用最为直观的趋势图进行展示，比如有几个同学今天使用了，比如每个同学在平台内使用了哪几个功能，发送了几条消息，教师通过这个模块可以清晰地看到平台每天被使用的次数，从设计平台的初衷来看，当然是希望使用次数越来越多，使用人群越来越多，所以教师要总结反思为什么平台内突然会有大量的学生流失，是因为教学内容设置的不合理还是其他原因，这样反过来可以督促教师。

消息关键词模块，可以列举出所有学生用户询问率最高的词汇，并以此从高往低排，每天通过观察可以更直观地告诉老师，今天的学生最关心哪些知识点，哪些内容。

4.2.4 数据库的设计

通过大量对现存的一些移动学习支持平台或支持系统，无论是一些知名网站所做的系统，还是一些很多博士、硕士研究生的毕业设计，我们可以发现其中很多作品中的系统都是基于一个理论性的观点，然后围绕这个观点搭建一个平台，碍于研究生水平与其他因素的影响，最后这个平台因为功能设计或者数据库都不了了之，可行性或者说应用性太低，大部分的平台在搭建完成后帮助研究生毕业之后就荒废了，研究也就停留在了这个基础，无法进一步的拓展。笔者一直在思考，如何让自己的平台更易于让师生接受，做这个平台最终的目的就是让师生使用，提高他们的教学效果，所以将系统设计的操作起来简单、方便、效果好，师生就会喜欢。所以笔者选择了依托现在最流行的微信公众平台搭建这样一个微课程辅助学习平台，在前台我们通过微信的所提供的美观简洁的界面，而在关键的后台，尤其是数据库的设计上，通过微信的开放接口，我们直接外接计算机行业目前最流行的云服务，将数据库外设到云端，自己不用搭建服务器，租服务器就可以，我们的微课程本来就是很小的一些课程，对服务器的容量要求本来就不高，现在市面上有大量大公司为推广新技术而推出的免费云容量，所以我们可以直接将我们的服务器搭建在云端，每次用户的每一次查询通过微信平台的开放接口转到我们后台所连接的云服务器，随着现在网络环境，网络速度越来越快，整个过程服务器响应时间极短，可以带给我们学生用户很好的体验。

4.3 微课程学习系统的主要功能实现

本文针对山西工程技术学院JAVA课程方面的需求，应用Java语言，云数据库开发等相关技术，基于微信公众开发平台，开发了一款名为“快乐学习大家庭”的微信公众订阅号，实现了课前预习，课后复习，随时随地自主学习，微课程、学案发布，实时向老师咨询等功能。

在开发这个平台之前，我们首先要注册一个属于我们的公众平台，注册方式很简单，通过计算机登录到微信的微信公众平台官网，根据步骤进行自主注册就可以。通过这步我们成功注册了一个属于我们的公众平台，建立完成后，我们就可以对其中的各种功能菜单进行设计，然后让学生用户添加我们所注册的微信公众平台，添加方式与使用微信添加好友一样，即学生可以通过搜索微信号：happystudy添加，通过好友推荐来添加，也可以通过扫描二维码添加。添加后我们看到一个欢迎的界面，内容为笔者在后台所设置的欢迎内容，内容里对整个平台做了一个简单的介绍，了解到平台内分为三个菜单，分别是“课程内容”“新闻资讯”“咨询交流”，首先我们先进入主要功能区，即“课程内容”按照提示，学习者回复“开始学习”后，就可以看到在《课程内容》菜单下的六个功能，分别为回复数字“1”，进入课前学案模块，平台会自动推送下面内容：学生用户直接收到 4 月 10 日上课的内容，是一份教学学案，学生开始下次上课前的大纲预习，通过手机放大该图片，清晰地了解到 4 月 10 日 JAVA 这门课程上课的内容，重难点在哪里，有哪一些知识点，帮助学生在课堂进行之前就对本节课的内容有一个预习的效果。回复数字“2” 收到的是对上一节课所学知识的一个回顾，以及老师重点强调的一些内容，用户收到该消息，在此可以根据用户的需求放大缩小学案。除了上节课老师所总结的一些大纲内容外，更用文字着重强调了 while 与 do-while 循环的区别，while 是先计算条件判断表达式，而 do-while 是先执行循环体的中的语句块，在计算 while 语句后面的条件表达式。课堂中强调的重点在这再一次强调，加深学生的印象。回复数字“3” 主要是公布 JAVA 课程的实训源代码，在学生练习的过程中，出现代码的问题可以查看实训课源代码，参照教师上传的代码进行更正修改。回复数字“4”是咨询老师，在平台的使用过程当中或者上课的知识出现疑问，都可以通过咨询老师模块来进行问答，回复数字“5”是微视频学习，微视频学习，是教师上传好的微视频以超链接的方式提供给学习者，学习者直接点开消息中的链接进行微视频的播放就可以开始进行学习。回复数字“6”进入学习目标测试题环节，主要是学习者通过微课程学习平台进行微视频或者对学案进行学习后，通过学习目标测试可以检查并巩固自己刚才所学的知识。浏览完成《课程内容》模块后，我们可以选择输入“首页”，回到首页进行其他功能的学习，也可以直接输入其他功能模块的菜单名字，比如输入“新闻资讯”，学习者可以根据自己需求依次打开自己需要的功能，回复“行业动态”“学院动态”“名家讲堂”等分别进入学习。

前台的界面因为微信接口开放的问题，就将界面功能如此设置，接下来，关注一下后台的搭建，云服务器是未来发展的趋势，所以笔者抛开传统思维，不打算构建自己的本地服务器，而是直接连接云服务器，因为首先自己搭建一个服务器很烦琐，其次，这个辅助支持学习平台所需要的服务器功能并没有那么多，容量也不会很大，在信息化时代，我们作为计算机行业的从业人员，就应该给学生带来最前沿、最快捷的服务，加之现在有大量的云平台网站推广，都在推广期为了吸引大量的用户给出优厚的条件，比如永久免费使用 20 G、40 G 容量为基础，而这些容量已经够教师进行使用，所以笔者推荐将服务器搭建在云端，做成云服务器是最简单、方便高效的。

所以我认为教师如果有自己的服务器，而且支持php，可以将接口文件上传至服务器，如果没有自己的服务器，则可以选择部分免费的云平台进行开发，如百度应用引擎BAE，新浪云平台SAE等。

笔者选择了腾讯公司的云服务器平台，然后通过接口，接入V5KF智能计算机接入方式如下：请先登录微信官方的微信公众平台主页，开通公众账号，然后进入“开发者中心”选项，将本页面的接口信息（URL和Token）填写到微信后台“服务器配置”中并启用。

将微信公众平台提供给用户的接口接到这个云服务器的后台就可以实现将我们的学习平台嫁接到云端的功能，接口安装好后，我们可以在后台对我们所涉及的微课资源进行上传。

第5章　教学平台应用研究

“微课”教学资源开发必须扎根于现实的教学过程之中，要与各级各类专业建设、课程建设、共享资源建设等项目结合起来，利用网络教学资源平台，对资源进行系统整合、二次开发和重组利用，构建各个专业、各门课程的“微课”资源库，将“微课”资源融入数字化学习体系中，既可配合现实的课堂教学，又可促进网络化、碎片化、自主化的教学模式创新实践，为混合学习和自主学习创造条件。要避免出现以往在教学资源建设上的误区，避免重评比获奖，轻共享利用；重表面美观，轻实用效果，避免造成资源孤立，资源和教学两张皮。为了适应自主学习，网络平台还应具有学习帮助、学习路径、学习评价、资源搜索、资源推送、辅助工具、学习交互（在线提问、讨论、评价）等功能。利用网络平台使“微课”资源方便师生使用，实现资源共享，不断动态更新、修改、扩充和完善，与课堂教学相辅相成，真正体现“微课”教学资源的丰富内涵和乐于学习、易于学习、便于掌握的特点。

5.1　教学设计

传统学科化课程的教学目标是向学生传授系统的文化基础知识与专业基础知识，强调学科知识的科学性与系统性，强调知识本位与识记，忽视对学习者创造性与能力的培养。其思想根源在于，认为实践是理论的应用与延伸，是理论的附属品，是将其线性演绎的结果，不符合当今社会强调知识的创新与学习者的关键能力，未能贯彻终身学习的理念，从而难以适应社会的发展需要。当今社会，高等教育已不再是为培养学生胜任某一特定的工作以满足社会的人力需求的“终结性教育”，而是一种终身学习与终身教育①，因此，其课程目标更应该注重个体职业能力的培养，包括方法能力、专业能力及社会能力等，培养学习者可持续发展的关键能力。它重视知识的处理和转换，而不单是传递，以工作任务为中心，注重解决问题

①Tara J，Fenwick. Problem Based Learning，Group Process and the Mid-career Professional：Implications for Graduate Education. Higher Education Research and Development，2002，21(1)：5-21.

的能力培养，强调学习者创新能力、职业素养、服务意识与职业道德等素质教育。

5.1.1 基于工作过程的课程教学设计

1. 工作过程导向的项目课程教学设计思想

如图 5-1 所示，笔者根据工作过程分析的相关理论，使用教学设计的方法把工作过程中的职业能力、构成要素和实施步骤转换为项目课程的设计要素，即以对工作过程要素的分析来完成课程的教学系统设计，导出工作过程导向的项目课程的方法与步骤。

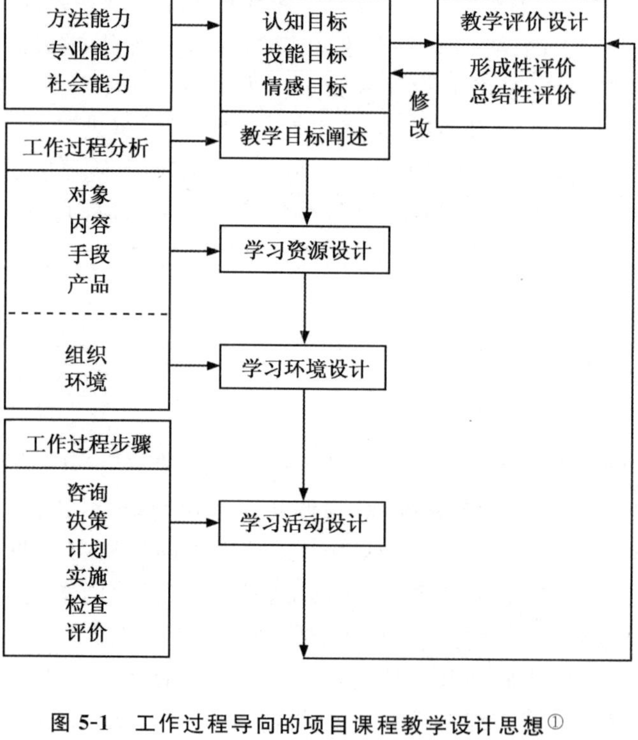

图 5-1 工作过程导向的项目课程教学设计思想[①]

由图 5-1 可以看出，工作过程导向的项目课程教学设计具有以下特点：

①吴游丽．工作过程导向的项目课程教学设计研究．浙江工业大学硕士论文，2011．

(1)教学目标以认知、技能、情感分类体现专业、方法、社会三种工作能力要求；

(2)基于工作过程的六要素——对象、内容、手段、组织、产品和环境进行教学目标的详细阐述；

(3)工作过程的四要素——对象、内容、手段、产品主要体现在学习资源的设计,学习资源的设计将包容这四个方面；

(4)工作过程实施的六个步骤——资讯、决策、计划、实施、检查和评价是学生在学习过程中的主要活动,根据完整的工作过程步骤进行学习活动设计；

(5)为保证学习活动完成,工作过程中的组织与环境主要用于指导学习环境的设计,因此基于工作过程导向的项目课程学习环境设计主要关注两个方面:如何向学生呈现将来从事某种职业活动必须经历的典型情境;如何创设自主、探究和协作的学习环境,激发学生参与课程项目学习的积极性；

(6)将教学目标作为学习评价的重要依据进行学习评价设计。

2.教学目标分析

教学是促使学习者朝着目标所规定的方向产生变化的过程,因此,在教学系统设计中,教学目标是否明确、具体、规范,直接影响到教学是否能沿着预定的、正确的方向进行,而要使总的目标落实到整个活动体系的各个部分中去,必须对实际的教学活动水平做出具体的规定,即分析与编写具体的教学目标。

(1)教学目标的分析

教学目标是对学习者接受教学后所应展示行为的清晰描述。作为教学设计活动的出发点和归宿,教学目标具有导向、控制、激励、中介、测度等重要功能。根据布卢姆的教学目标分类理论与加涅的学习结果分类理论,教学活动所要实现的整体目标分为认知、动作技能、情感三大领域,其中认知领域对应于加涅学习结果分类中的言语信息、智慧技能与认知策略。

根据姜大源教授对职业能力的定义[①]包括:

①方法能力

具备从事职业活动所需要的工作方法和学习方法,是劳动者在职业生涯中不断获取新知识、新技能,掌握新方法的重要手段。

②专业能力

具备从事各专业都必须要具有的基础能力,是劳动者胜任职业工作的核心能力。

③社会能力

具备从事职业所动所需要的行为能力,包括人际交往、公共关系、职业道德等。

---

①姜大源.职业教育学研究新论.北京:科学出版社,2003.

因此，根据职业能力模型，本研究导出其与学习目标和学习结果的对应关系，如图5-2所示。

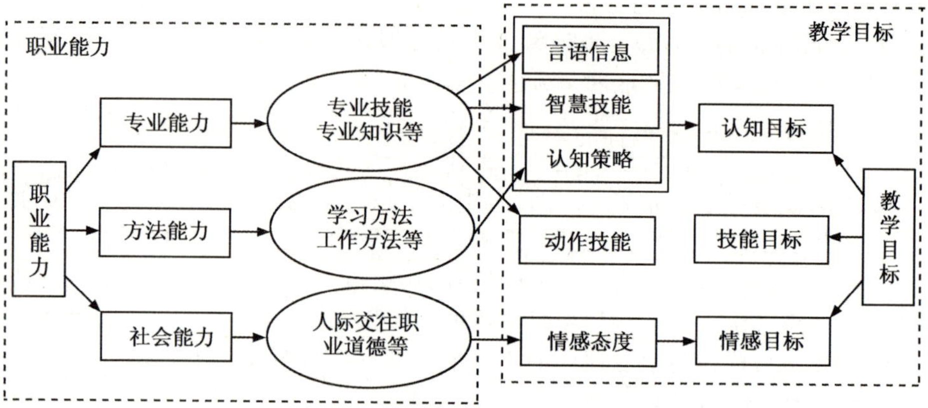

图 5-2　职业能力导出项目课程教学目标

那么，工作过程导向的项目课程的教学目标包括：

①认知目标

培养学生获取和处理信息、语言与文字表达等言语信息能力，运用科学的思维方式与学习方法分析问题与解决问题的能力，使其能够独立学习、获取新的知识、分析与解决问题。

②技能目标

培养学生适应岗位所需要的专业动作技能及分析和解决问题技能，在给定工作任务后，独立寻找解决问题的途径，把已获得的知识、技能和经验运用到新的实践中等。

③情感目标

培养学生的思想道德，包括其世界观、人生观、价值观、社会责任感及职业道德等，特别需要关注的是其职业认同感的培养，同时，也要加强培养其与他人交往、合作、共同生活和工作的能力。

(2)教学目标的阐述

自教学系统设计诞生以来，许多教育学家就致力于设计一套描述和阐明教学目标的方法，促进有效教学。在教学目标的编写方面，大致有基于认知心理学与基于行为主义的心理学的两种不同观点。行为主义强调用可能观察或可以测量的行为来描述学习目标；而认知观则强调用内部心理过程来描述。尽管两种观点不同，但教育心理学家一致认为，学习目标的重点应说明学习者行为或能力的变化。根据项目课程教学总目标，结合学习内容的特点，本文选择的有关编写学习目标的方法，基本上反映了行为主义的观点。

那么，项目课程教学目标的阐述就是要描述工作过程的职业能力——专业、方法和社会这三种能力如何量化为学生通过项目教学后表现出来的可见行为，即其认知目标、技能目标与情感目标的阐明。通过职业能力分析，明确教学目标，确定学习者应当知道、应当会做或应当体会到的东西，清晰地陈述目标，描述预期的教学结果，以此为基础预期结果，评价教学成功与否。

基于 ABCD 模式，虽然教学目标最为重要的方面是关于学习者能够做什么的描述，但一个完整的项目教学目标陈述应该包含：

①对象

学习者。

②行为

通过学习以后，学习者在情境中应该能做什么。

③条件

运用所学技能的情境；在行为情境中学习者可用的工具。

④标准

要求学习者达到的程度。

结合姜大源教授对工作过程要素的关系模型（图 5-3），他认为从工作任务到工作结果这一完整的工作过程共有六个基本元素组成。具体包括：

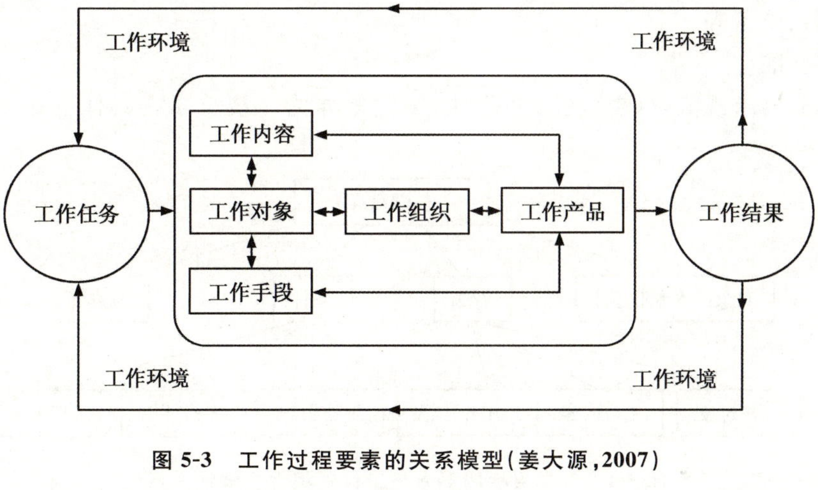

图 5-3　工作过程要素的关系模型（姜大源，2007）

①工作对象

如人、原材料、产品等。

②工作内容

如生产、服务、操作等。

③工作手段

如工具、仪器、计算机等。

④工作组织

如小组、团队、岗位等。

⑤工作产品

如物质产品、服务产品等。

⑥工作环境

如劳动场所、产业部门等。

工作过程导向的项目课程教学目标的阐述方法可以描述为

①对象

本专业学生。

②行为

通过学习以后，学生对相关知识的学习程度，利用学习资源能完成什么产品，对今后工作岗位是否认同。

③条件

发挥技能的岗位及运用所学技能的工作环境；在行为情境中学习者可用的工具、仪器、设备等。

④标准

职业要求规范，以规范性、准确性、速度等作为主要要求。具体关系如图 5-4 所示。

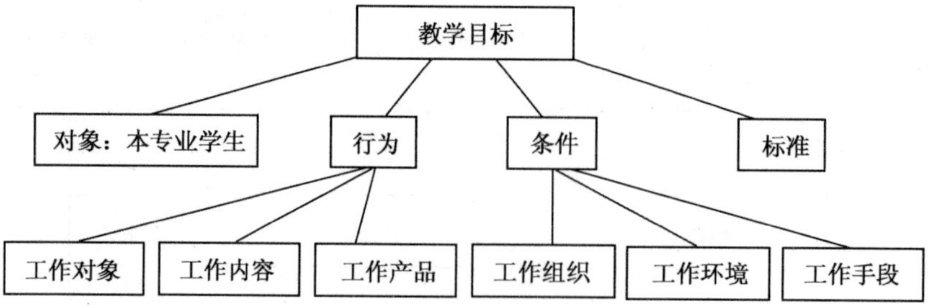

图 5-4　教学目标四要素与工作过程六要素的关系

3. 学习资源设计

学习资源是学习者在学习活动中完成的学习内容以及所参考的学习材料等。本节研究课程项目的学习资源如何包容、呈现工作过程的六个要素——对象、内容、手段、组织、产品和环境。即学习资源设计不仅要包容工作过程的六个构成要素，而且要呈现六要素之间的关系，按照工作过程中的知识组织方式来组织课程内容，并选择和设计合适的认知工具呈现教学内容。

(1)课程内容的组织

传统的学科课程大多只注重知识的理论体系，强调先储备知识，然后在工作中实现知识的应用。但是，长期的实践证明这种方式既不能调动学生学习的积极性，也不能有效地提高学生的职业能力。在项目课程学习活动中，学习资源不只关注课程中的知识、技能这些具体内容，更注重知识的组织方式。高等教育课程所选取的内容，既涉及过程性知识，又涉及陈述性知识，这两类知识在项目课程里的有机整合，需要一个能将其进行排列组合的参照关系，以便能以此为基础实现知识的序化，确立知识组织的框架和顺序，使学习的主体——学生容易地接受。

项目课程是以项目为基本单位组织内容，并通过完成一个个具体的项目活动完成一个完整的工作过程，从而达到理论知识的学习与技能知识的习得。这种"串行结构"的行动体系的课程内容序化方式，采用工作过程的方式来序化知识，既与学生认知的心理顺序相一致，又符合所对应专业的典型工作顺序又或是对实际的多个职业工作过程经过归纳、抽象、整合后的职业工作顺序，更有利于学生在实践中对知识的掌握与技能的习得。因此，在分析项目活动时，我们需要将每个活动分解为一系列序列化的行动任务或操作，打破学科知识体系，以工作任务为中心对课程内容进行分析，以项目为单位组织学习资源，进行资源的归纳、整理和分类。

课程内容的编排，应该按照工作过程展开。但仅仅只学习和掌握一个实际的具体工作过程，有拷贝、复制之嫌；学习一两个工作过程，由此获得的学习成果具有偶然性。因而，按照工作过程展开的课程内容设计，必须采取比较学习的原则。根据姜大源教授的工作过程课程开发要求，要求课程内每一个子项目内容的设计必须具备三个基本要求：其一，每一项目下必须有三个以上子项目；其二，子项目必须同一个范畴；其三，子项目中重复的是步骤(工作过程)而不是内容。学生在同一个范畴的三个以上工作过程构成的课程单元——学习情境的学习中，通过步骤的重复掌握技能，融入知识，又在不同内容的比较中，提升自己的能力。在此基础上，本研究认为，每一子项目的操作步骤均是围绕"对象、内容、手段和产品"四个工作过程要素展开。

(2)学习资源的呈现

学习资源设计能否将所要表达的信息有效地呈现给学习者也很关键,这时教学媒体发挥着愈来愈重要的作用。

从高等教育的学生的特点来看,一般来说他们的抽象思维能力相对较弱而形象思维能力相对较强,也就是说,他们的数理逻辑方面以及语言方面的能力相对较差,而空间视觉、身体动觉等方面的能力则较强,因此,应该充分抓住他们思维活跃、好动、好玩的特点,在教学中采用形象、生动的教学媒体,给他们呈现较为直观的教学内容,创设一种愉快学习的环境,使他们能够较为轻松愉快的完成学习任务。

教学媒体是指以传递教学信息为最终目的的媒体,用于教学信息从信息源到学习者之间的传递,具有明确的教学目的、教学内容和教学对象。从某种意义上说,有了教学活动,就有了教学手段和工具,只是在不同时期,各种教学媒体在教学中所起的作用不同而已。早期教学中,书本、黑板、幻灯机、投影仪以及电视机等作为重要的教学手段,辅助教师传递教学信息。今天,迅速发展的多媒体技术、虚拟现实及人工智能技术等不仅是重要的教学手段,还可以作为学生的认知工具,帮助学生完成对信息的收集、处理、保存和表达等,促进认知过程,创设多种学习环境,提高学习的效率,培养学生的思维能力和解决问题的能力①。

当前,教师们面临着多媒体技术的狂轰滥炸,几乎淹没在教学应用软件的海洋中。市场上大量软件只要其中包含了声音、文本或图片就被称之为多媒体。然而许多软件仍然以传统的知识传递的教学观念为基础,并没有提供含有丰富问题的影像和基于计算机的资源,鼓励学生进行创造性的学习和合作。这样的学习资源虽包含高科技的属性,但却不能创设意义丰富的和有价值的学习环境。因此,在现代信息技术条件下,必须学会判断和选择工具,来构建促进学生真正发展的资源环境。在选择以学习者为基础的教学媒体用于课堂教学时,并非资源包含的高科技因素越多越好,越先进越好。为使多媒体资源发挥其自身的价值和潜在优势,最好依据下述几条标准:

能为学习目标的实现提供多种活动或策略;

能提供信息性质而非判断性质的反馈;

能让新手快速上路,让老手制作更完美的作品;

关注学习和问题的解决过程;

促进教师、学生和计算机三者互动。

简而言之,在项目课程教学中,教师可以根据工作过程中知识的表征方式选择

①潘利明.新课标下信息技术与物理课程整合的研究.东北师范大学硕士论文,2006:13.

和使用交互性强的媒体资源来呈现教学信息，也可以通过发动学生相互推荐各种信息资源，推动着学习者在学习活动过程中的选择与行动，使学习者学会如何应用知识。如提供与选择能承担和促进特定认知过程的计算机工具，帮助学习者完成项目活动任务，包括推荐信息收集工具帮助学习者完成项目资讯任务；提供概念图生成器、知识整合工具及知识建模工具有助于加速学习者对理论知识的理解，进行理论知识与活动任务的整合与建模；选择合理的作品展示工具方便学习者更好地呈现活动成果等。

4. 学习环境设计

(1)基于工作环境的学习环境设计

教学过程中除主体以外的一切人力因素与非人力因素都属于教学环境的范畴，也就是说能为学习者完成学习活动提供资源、工具和人际方面支持的都可以被涵盖到学习环境中。考虑到在项目课程教学中，教师不仅要确定教什么，还要了解学习者所学技能的最终应用情境，结合信息技术环境下，利用可用的资源、设备与技术类型，创设促进有效学习的学习环境。因此，本文研究重点关注如何向学生呈现将来从事某种职业活动必须经历的典型情境，创设自主和协作的学习环境，激发学生参与课程项目学习的积极性。

学习总是与一定的情景、境地即“情境”相联系的，而课堂学习往往注重抽象的、脱离情境的知识，对于这些知识，学生大多只是记忆，并不知道如何在真实的情境中灵活地使用，很难将所学的知识运用于日常情境。学习情境设计正是试图通过真实情境中的知识和技能去诱导学生的认知学习。项目课程强烈推荐学生要在真实的情景下进行学习，要减少知识与工作任务之间的差距。在情境中获得的知识和技能反映了这些知识和技能在现实生活工作中所应用的方法，所以在实际情境或通过多媒体创设的接近实际的情境下进行学习，更有利于帮助学生将知识运用于真实生活工作的问题解决过程中。

本文学习情境分析包括两个方面的内容，即确定学习情境是什么样的、学习情境应该是什么样的。其中，“是什么样的”是对教学发生环境的描述，它可以是一个或多个教学场所，如实验室、培训基地等；“应该是什么样的”所描述的是能够充分支持预定教学的设施、设备和资源。具体来说，重点以下关注两个方面。

①教学场所适合教学要求的程度。一个良好的学习环境设计可以促进学生之间有效而亲密的社会关系。在传统的学习环境中，由于教学媒介和资源相对匮乏，教学环境设计需要考虑的因素比较少。在现代信息技术环境下，多媒体计算机和网络的发展，使得学习环境设计变得更加重要而复杂。一般来说，学习环境设计会受到很多因素的影响和制约，通常没有一个固定的模式。但是，在进行学习环境的

选择和设计时，一些基本的问题还是需要加以考虑，如多媒体网络教室的环境设计是否会影响到学生的社会性、个性和认知发展？是否符合多种教学方式的需要？是否有足够的灵活性？是否考虑到学生的安全和健康需要？目前的学习环境中是否包含教学目标的陈述中列出的完成教学目标所需要的工具和其他支持条件？这些工具又是否可用？等等。

②教学场所适合于模拟工作环境的程度，包括在教学过程中，要模拟出本专业就业职业岗位的工作环境中那些至关重要的因素，如影响绩效的直接或间接因素，减少学习的知识和技能与职业工作任务的差距，更好地获得的知识和技能在现实生活工作中所应用的方法。当然，教师可以借助于计算机网络技术实现在不同情境中模拟活动实例，既方便学习者主动探索、学习，又激发学习者参与项目活动的积极性，学会知识的应用，完成项目活动。

(2)自主与协作学习环境的设计

组织是工作过程六要素之一，在工作环境中，它是指个体所在的小组、团队等，而在学习环境中，则主要是指学生所在的学习小组。学生在完成项目的过程中，通常也需要以团队的形式，进行自主与协作学习。下文将对项目课程中自主与协作学习环境的组建进行说明。

①自主学习环境

项目课程教学中，学习者是学习活动的主体，自主学习即由学生主宰自己的学习活动，包括确定学习目标、选择学习方法、计划和安排学习活动、调节和控制学习过程、评价自己的学习结果等。自主学习策略是指能够支持和促进学习者有效学习的方式和方法。它是以"自主探索、自主发现"为主线，其核心是要发挥学生学习的主动性、积极性，充分体现学生的认知主体作用，其着眼点是如何帮助学生"学"，因此，通常被称为"以学为主的学习策略"或"发现式"教学策略[①]。那么，项目课程自主学习策略设计时，其核心就是要提高学习者使用学习策略完成项目活动的意识，激发其学习的主动性和积极性。例如在整个活动过程中，教师要认真评估学生的学习策略，及时地给予反馈与建议，调动其学习的主动性，学会根据活动目标制定活动计划，根据学习内容选择学习策略；通过制定学习活动参与情况评价或生生间的相互评价对其行为活动和结果进行定期或不定期的评估，提高竞争意识，调动其学习的积极性，鼓励学生积极参与到活动过程中去，执行学习任务并进行自我评估与反思，达到能自主学习的目的。

②协作学习环境

协作学习是指学习者以小组形式参与，为达到共同的学习目标，在一定的激励

①何克抗，林君芬，张文兰. 教学系统设计. 北京：高等教育出版社，2006.

机制下为获得最大化个人和小组学习成果而合作互助的一切相关行为[①]。小组协作活动中，学生可以通过对话、商讨、争论等形式对问题进行充分论证，与小组成员及其他组间实现信息共享，完成小组学习目标的同时，获得达到学习目标的最佳途径。在项目课程教学实践中，项目活动的协作学习是把学习置于复杂的、有意义的活动情境中，根据分组规则组织学习者形成共同体进行学习，教师与学生、学生与学生对一些共同任务与问题进行讨论、交流与协作，获得最大化的个人和小组学习成果。目前，常用的协作学习策略有课堂讨论、角色扮演、竞争、协同，其中[②]：

课程讨论：要求整个协作学习过程均由教师组织引导，讨论的问题皆由教师提出；

角色扮演：通常有师生角色扮演和情境角色扮演两种形式。若学生对学习问题有"知识上的差距"，则可以采用让不同的学生分别扮演学习者和指导者及角色的互换实现互相学习；而情境角色扮演则可以使学生更能设身处地去体验、理解学习的内容和学习主题的要求；

竞争：教师巧妙设计主题，激发学生求胜的本能，使两个或多个学习者针对同一学习内容或学习情境，进行竞争性学习，看谁能够首先达到教学目标的要求；

协同：多个学习者通过和同伴紧密沟通与协作共同完成某个学习任务，即在完成任务的过程中发挥各自的认知特点，相互争论、帮助、提示或者分工合作；[③]

在协作学习过程中一个重要内容就是协作学习规则的制定。由于在项目活动协作学习过程中，协作学习小组是学习者参与活动、交流协作的核心单位，在小组内部各学习者个体之间主要是相互协作关系，在不同的小组之间则合作与竞争共存。协作学习小组中，每个组员都是项目活动的主体，为了加强小组内部的沟通交流、协调矛盾冲突、顺利完成任务，规则是整个项目活动能有序进行的必要条件。因此，教师需要设计活动小组在学习活动中共同遵守的行为活动准则，包括任务分配、完成规则、协作交流规则、冲突解决规则、评价规则以及奖惩规则等，借此来规范学习者的活动，以提高协作学习的效率和效果，同时也有助于形成良好的活动环境。

5. 学习活动设计

项目课程是以项目为基本单位组织内容并以项目活动为主要学习方式。活动是学习者学习的必要条件，项目课程的教学质量在很大程度上取决于学习活动的质量，学习活动设计是教学设计研究的一个重要内容。本节以工作过程为导向，将

---

①何克抗，林君芬，张文兰. 教学系统设计. 北京：高等教育出版社，2006.

②③王环宇. 信息技术课程教学中协作学习设计策略研究. 东北师范大学硕士论文，2009.

工作过程的六个实施步骤作为学生项目课程学习过程中的主要活动，构建了一种工作过程导向的项目课程学习活动设计方法，为项目课程的教学设计研究提供重要依据。

“学习活动”虽是一个最为常用的词，但在概念和意义上目前并没有指定明确的术语和相对应的解释。国内关于学习活动的界定，目前比较通用的是杨开城的论述：学习活动是指学习者以及与之相关的学习群体（包括学习伙伴和教师等）为了完成特定的学习目标而进行的操作的总和①。学习活动是学习者个体发展的依托，因此学习活动的设计是教学设计的核心内容。

姜大源教授认为一个完整的行为导向的工作过程包含六大环节：即“资讯、计划、决策、实施、检查、评估”，具体分别为“获取信息、制定步骤、选择方式、付诸行动、审视过程、评价成果”，并通过控制反思逐步熟悉和掌握以上六大环节指导学习行动，实现学习过程的完整性如图 5-5 所示。

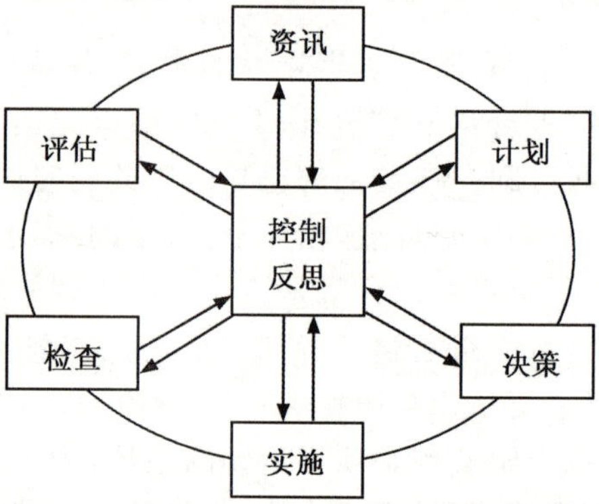

图 5-5　工作过程的六大环节(姜大源，2007)

项目活动作为项目课程的主要学习方式，也应是一个完整的工作过程，要遵循“完整的行动模式”。因此，项目课程中，教师不再是一个提供所有信息、说明该做什么并解释一切的传授者和始终检查学生活动并进行评价的监督者，而是作为学生学习过程的咨询者和引导者，其在这一“完整的行动模式”中的行动应如图 5-6 所示。

具体如下所述。

(1)明确项目目标

学生必须根据学习任务独立实现一个给定的目标，或者自定一个任务目标，由

①杨开城．学生模型与学习活动的设计．中国电化教育，2002(12)：16-20.

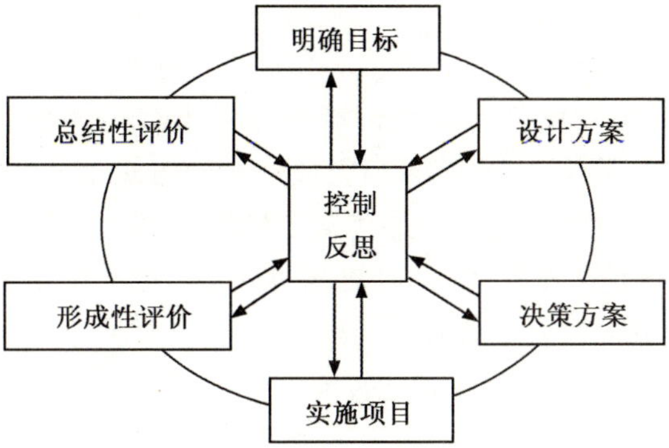

图 5-6　项目活动中的完整行动

教师规定活动的范围、使用的材料及完成时间等，并帮助学生或向其提供提示使其找到自己的目标。

(2)设计计划方案

学生制定小组工作计划或独自工作的步骤，制作几个不同的计划方案；教师给出提示，并为他们提供信息来源，让学生获得相应的知识。

(3)选择并决定方案

学生在自己制订的几个计划方案中确定一个并告诉教师；教师对计划中的错误和不确切之处做出指导，并对计划的变更提出建议。

(4)项目实施和形成性评价

学生按照项目工作计划实施决策方案，并在工作过程中检查活动和结果；教师为学生提供适合于实施和检查的信息，并在学生产生结果偏差或不符合设定的目标时给予及时的提醒与建议。

(5)总结性评价

总结性评价通常包括展示和评估两个部分。其中：

①展示

可分为活动过程完成的展示与成果完成的展示。在项目课程中，由于强调学习者学习的过程的完整性而更强调完成活动过程的展示，其形式可以是学习者在活动过程中所做的详细记录，然后以汇报形式进行；而成果的展示多以演示的形式展示。总之，学习成果的表现形式有很多种，如报告、产品或实物模型等，也可以是作业、练习或者测试结果及学生的学习笔记、日志等。学生根据老师提供的评价原则或标准等信息来初步评估完成任务的整个过程，并同时准备好介绍自己的学习工作活动及其结果。

②评估

学生根据老师提供的评价原则或标准等信息来初步评估完成任务的整个过程，检验评价自己的产品及本次活动；小组评价则通过提交小组学习成果，或学生之间相互讨论与交流，对学习过程中的优缺点进行评价，并同时准备好介绍小组成员的学习工作活动及小组成果；教师复查这些评价信息，做出评价结论。总而言之，活动评价的设计可以结合教师评价、组间评价、组内评价、学生的自我评价等多种评价方式组织，从而检验活动目标是否完成？任务分工是否合理及是否圆满完成？活动工具的应用是否合理？学生自主学习及协作学习的能力是否得到了提升？等等。不仅关注对学习结果的评价，更要关注学习过程的评价，及时发现问题、改进实施方案，全面提高学生的职业能力。

总的来说，工作过程实施分为资讯、计划、决策、实施、检查和评估 6 个步骤。学生是实施以上 6 项活动的主体，教师是学生学习活动的引导者和促进者。如何针对以上 6 个步骤设计学习活动，教师又该执行哪些教学活动。即教学活动要在课程中实现工作任务之间的联系，让学生学会完成完整的工作过程。这在客观上要求设计的教学活动能成为贯穿工作过程的载体；主观上要求教学设计者充分意识到工作过程开始到结尾的一些细节的重要性，及设计符合工作过程实施步骤的教学活动顺序。

6. 学习评价设计

学习评价是根据明确的目标，采用科学的方法，对学习活动过程及其结果进行测定、衡量并给以价值判断。学习评价一般包括形成性评价和总结性评价。以工作任务为中心的项目课程虽然面向最终产品或服务，但是工作过程导向项目课程的学习评价应基于学生学习过程中的阶段性成果开展形成性评价，关注每个学生在各项目开展中的参与程度、作用及其创新、实践能力等，从而保持学生学习的积极性，鼓励学生积极参与、勇于创新、乐于实践。

(1)项目课程学习评价准则

项目课程中的学习评价是课程、教学的一个有机环节，强调对教师与学生在教学实施的完整过程的评价同时，也强调学习者与具体学习情境的交互作用。尤其在对能力进行评价时，更要关注学生在整个学习过程中能力发生的变化，收集整个过程中的行为信息，做出评估，为学生能力的提高提供一个具有重要参考价值的线索或可行的改变计划。那么，以工作过程为导向的项目课程的学习评价应充分体现以下 3 个准则。

①以促进学生发展为评价的根本目的

不仅考虑学生学习前的基础知识与基本技能，还要关注其现在的学习动态，更要着眼于学生未来职业能力的发展。学习评价不是只为给学生一个简单的结论而存在的告知环节，而是要更多地了解学生的发展需求，激发其学习兴趣，发挥其潜能，培养其自我认识、自我评价、自我管理的能力，从而体现对学生持续发展的关注。

②评价内容要真实全面，注重能力评价

工作过程导向的项目课程的教学目标是培养学生综合职业能力，因此，其学习评价内容不仅重视知识与技能的考查，更注重职业能力的考查，包括学生的创新能力、自主学习能力、协作学习能力等。由于学生个体成长与发展是知识技能的发展伴随着道德情感的发展，因此，学习评价时还应关注个体间的差异性，联系实际，制定符合其发展水平的评价内容，促使学生更好地运用所学的知识技能解决真实性问题。

③实施多元化的评价主体

学生为主体的项目课程教学中，除了关注评价学习内容外，还关注整个教学过程中各种角色的人的因素，评价者不应只有教师，学生也可以作为评价者实施互相评价，促使评价更具多元化，采取教师评价、小组评价以及学生自评结合的方式，不仅使评价更具客观性、全面性，更实现所有参与评价的主体都具有评价的主动性，激发学生的学习热情，有利于其自我反思、自我调控和自我完善能力的培养，也有利于教师反思与改进。

(2)五种重要学习评价方法和工具

随着评价理念及评价功能和取向的发展，许多评价方法与工具也应运而生。目前被广泛应用于国内外学习评价的 5 种重要的评价方法和工具有档案袋评价、研讨式评价、学生表现展示型评价、基于计算机支持的电子化评价以及电子档案袋评价等[①]。其中：

①档案袋评价

近年来英国、美国、日本等国教育界广泛应用的一种评价方法，是收集学生成长过程中的各项信息，其基本结构主要包括 3 个部分，即观察的信息资料群（如观察记录手册、调查表和师生交谈记录等）、作业实绩的标本群（如作业、教师自制的小问题和试题、学生伙伴间制作的课题、小组作业、学习反省日记等）及考试信息群（如较大的评价课程及长期的评价课题等）。

①何克抗，林君芬，张文兰. 教学系统设计[M]. 北京：高等教育出版社，2006.

②研讨式评价

起源于大教育家苏格拉底的教育理念，将学生的"参与"和"课堂讨论"中的表现作为学习评价的一部分，其根本是要让学生学会有效的思考，并为自己的见解提出证据。

③学生表现展示型评价

通过学生实际演示某些结果以说明其是有价值的，并由此证明学生已经掌握了这些结果。它可以是一次试验、一次展示会或一次表演等活动，或是报告、论文等展示，同时通过详细的评分规则提供了让学生成为自我评价者的机会。

④电子化评价

凭借计算机运算速度快、自动化程度高、信息吞量大的特点，可以大大简化评价的操作，提高效率和效度，并且随着计算机网络的普及，电子化评价的应用也已经有了一定的发展。

⑤电子档案袋评价

应用电子技术，以多种媒体形式收集、组织档案袋内容，包括视音频、图片、文本等，是档案袋的电子化，是信息技术的发展及其应用于教育的成果[①]。档案袋评价重视学习过程的评估，能够展示学生各个方面的记录，不仅发挥"学生主体"作用，让学生根据自身的情况主动安排学习过程。而且随着互联网的发展与普及，使之能更好地与同伴分享学习成果，成为学生、教师、家长良好的沟通桥梁。与传统档案袋的相比，电子档案袋可以存储更多的学生作品，更加便捷快速地更新档案内容，用文件夹的形式呈现学生的学习过程，展示其学习成果，并记录其反思历程[②]。

目前电子档案袋制作的平台比较多，使用较为广泛的有 Blog、Blackboard、Moodle、Tafeportfolio 等，可以通过在线写作系统和学习管理系统来记录学习者的学习历程。项目课程中，通过教师的引导与促进，学生在进行学习活动的同时可以逐步完成对电子档案袋的建立与制作，这样既为教师评价提供依据，学生也可以运用档案袋中真实有效的记录开展自我评价，以此促进自主学习能力的提高。

5.1.2 教学环节的具体操作

为了确保研究的顺利开展，课程研究小组经过讨论，采取了以下研究措施：

---

①李俊. 基于电子档案袋的自主学习应用研究. 河南大学硕士论文，2010.

②侯婉 . 运用电子档案袋对自学考试应用型专业课程进行过程性评价. 继续教育研究，2010(6)：105-106.

1. 建立健全的组织机构，保障课题研究高质量完成

为保障课题能高质量完成，我们选择教授、副教授、讲师三个层次结构的人员组成课题组成员，保障课题组成员结构合理。本课题组主持人具有多年的计算机软件开发类课程方面的教学与实践经历，曾经参与过校级和省级的教学研究课题，并多次主编和参编过相关课程教材编写，对课程的教学改革有丰富的理论基础和实践研究经验，并有一定的科研组织和协调能力。本项目组其他成员也都具有多年的高校工作经验，编写过多部软件开发类教材，科研及教学研究成果丰富，能够承担起协助第一主持人组织本项目研究的任务。随后，我们对课题组成员进行详细分工，有负责课程理论课程体系构建、研究方案制定的；有负责实践课程构建、实践过程制定的；还有负责资料收集、分析、整理、汇总的，人人目标明确各负其责。

2. 选择合适的研究对象

本项目研究对象是本校计算机专业三年级学生，根据教学计划，学生已学习了网络工程、数据结构、数据库原理、数据库应用、C语言、软件工程等课程，基本具备软件开发所需知识结构，加之课题主持人又担任这些学生的教学工作，所以从研究对象上来说具备条件。从教学计划上讲，本课程除有50%的实践时间，还有课程设计环节，学生还有生产实习和毕业实习两个实践训练阶段，这对开展课程的实践教学改革提供了时间保障。

3. 制定可行的研究方案

为制定可行的科学的研究方案，课题组成员首先对JAVA程序设计课程计算机专业学生进行分析，了解了课程特点、学生学情。其次对工作过程教学系统化的理论和实践方法通过多方查阅资料，认真学习。制定出适合我校学生的基于工作过程的JAVA程序设计课程教学设计与实施方案。课题组成员在多次与传统教学相比、多方位讨论后，最后确定本次基于工作过程的JAVA程序设计课程教学改革研究主要从以下四个方面进行：

第一，教学内容上进行重新构建。

课题组成员多次认真学习工作过程系统化教学模式的理论，参阅了其他院校构建基于工作过程系统化教学模式案例后，结合我校培养应用型人才为目标的特点，在对应用型本科计算机专业JAVA程序设计课程教学目标认真研究后，再以培养学生理解面向对象程序设计的思想，掌握Java编程的常用技术和方法，提高学生运用面向对象（JAVA）语言解决实际问题的能力，培养学生开发实际项目的能力这一目标的指导下，结合企业对JAVA方向计算机人才知识、能力、素质的要

求。对我们原先采用的以知识结构为体系，以掌握知识理论为目标的教材进行了重构，构建了以培养能力结构为体系，以工作情境为案例，注重实践操作，通过工作过程认识知识的新教材。因此，研究开始，在遵循“需用为准、够用为度、实用为先”的设计原则的基础上，课题组成员对原有课程内容进行碎片化分解、分析、重建，形成以工作过程为导向，以项目为载体的“项目化教学内容”。让学生对知识的掌握融入开发实际项目的过程中。重构的内容用“1799”来概述。“1”是指全书以一个典型项目做引导；“7”是一个项目分解成相互关联从易到难的 7 个子项目；“9”是指这 7 个子项目又可分成 9 类任务来完成；第二个“9” 是指前面的 9 类任务可以用 JAVA 程序设计这门课程中的 9 个知识包来完成。重构后的教材体系如图 5-7 所示。

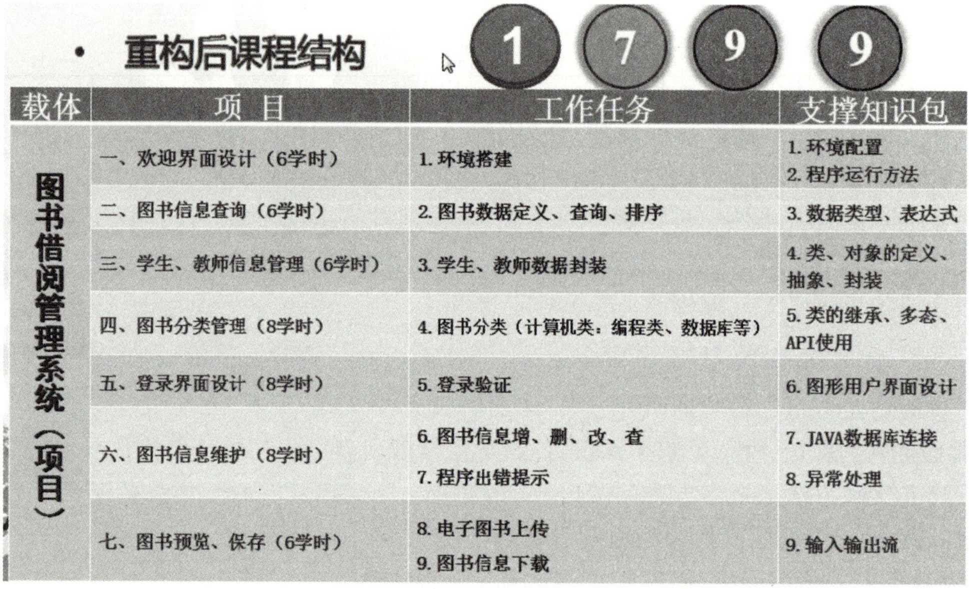

载体	项目	工作任务	支撑知识包
图书借阅管理系统（项目）	一、欢迎界面设计（6学时）	1. 环境搭建	1. 环境配置 2. 程序运行方法
	二、图书信息查询（6学时）	2. 图书数据定义、查询、排序	3. 数据类型、表达式
	三、学生、教师信息管理（6学时）	3. 学生、教师数据封装	4. 类、对象的定义、抽象、封装
	四、图书分类管理（8学时）	4. 图书分类（计算机类：编程类、数据库等）	5. 类的继承、多态、API使用
	五、登录界面设计（8学时）	5. 登录验证	6. 图形用户界面设计
	六、图书信息维护（8学时）	6. 图书信息增、删、改、查 7. 程序出错提示	7. JAVA数据库连接 8. 异常处理
	七、图书预览、保存（6学时）	8. 电子图书上传 9. 图书信息下载	9. 输入输出流

图 5-7　重构知识结构图

学生通过完成对“图书管理系统”一个项目的详细设计开发。能学会独立完成对同类项目（如学生管理系统、财务管理系统、超市进销存管理系统）等桌面应用系统的设计与开发，达到触类旁通的作用，提高了学生编程能力。整个课程以一个大项目，七个子项目分层次按彼此包容的关系构成，课程知识内容按从简单到复杂的形式融入工作过程的项目中。整个课程体系分三个层次结构，前三个子项目为第一个层次，既涉及 JAVA 程序设计环境的搭建，又涉及 JAVA 程序设计的基本语法，这一阶段的项目是教师带着学生一步一步完成，可称之为“手把手”；第四、五、六为第二层次的项目，由于与前面项目是包容关系，所以教师可以引导学生完成，此过程中要求学生在教师的引导下完成项目，我们称之为“放开手”；最后一个项目为一个层次，这一层次涉及文件的上传和下载、异常的处理等知识，由于在第二层次学习数据库连接时，教师已引导的学习查阅 API 的方法，所以这一阶段学生通过查阅资料，自主完成项目开发，在此过程中学生可以自主完成，能培养学生的创新能力，这一过程达到“育巧手”的目的。

第二，选用现代教育理论和教学方法实施教学。

JAVA 程序设计这门课程有 48 个教学课时＋两周课程设计，大三学生一方面要准备考研，一方面又有大量的专业课程需学习，学习时间严重不足，为解决这一问题，课题组成员通过了解，发现现在 95％以上的学生都有手机，而有个人电脑的不足 50％。为解决课时不足问题，结合学生用手机方便这一现象，课题组决定，教学方法上选用“翻转课堂＋移动学习”的教学模式。这一过程中我们构建了基于工作过程的“两主三段七环节”教学模式。两主即教学过程是以教师为主体，学生为主体的活动；三段即课前、课中、课后三个阶段；七环节即课前的教师教学准备、知识传递、学生课前预习知识获取环节，课中教师指导、学生内化知识环节，和课后教师教学反思、学生学习总结环节。教学模式如图 5-8 所示。

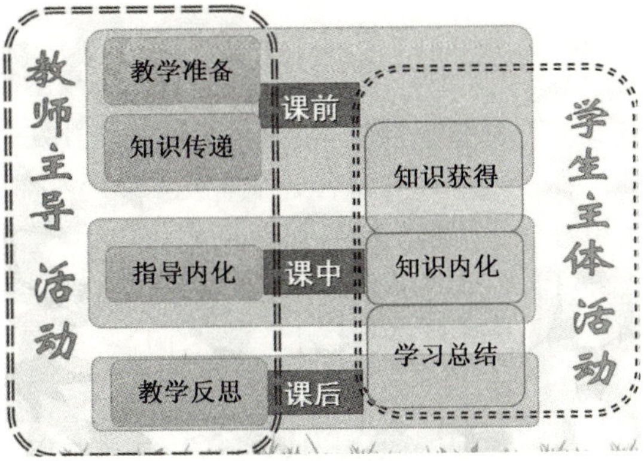

图 5-8　“两主三段七环节”教学模式

教学过程具体实施流程如图 5-9 所示。

实施教学过程中，理论课程选用“翻转课堂＋移动学习”的教学模式，在课堂教学之前，将与本节课程相关微视频、课件、相关项目分解成的任务，通过微信或网络

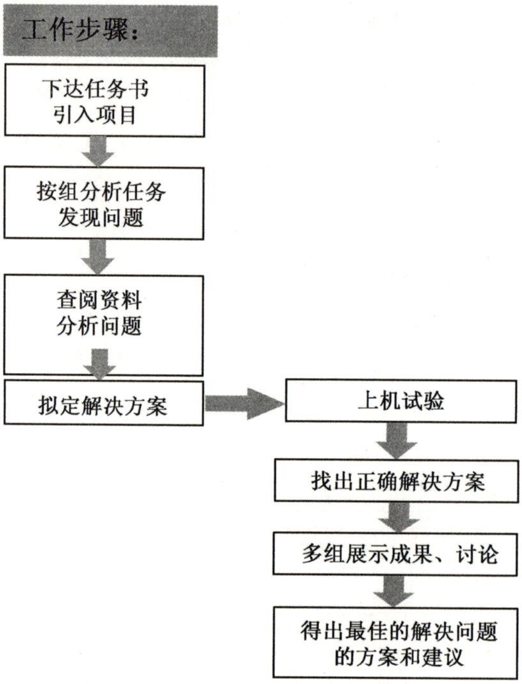

图 5-9　教学实施流程图

平台发给学生，让学生在课下先了解学习任务。课堂内引导学生利用已有知识，从项目的需求到项目开发最后到结果演示，完成一个项目的开发，将学生从课程开始就带入到一个真实的工作过程中。在工作过程中使学生对要解决的问题有较清晰的认识。课堂上教师引导学生思考、分析、解决问题，师生共同确定科学、合理的开发过程和方法。直观的开发过程、方便的学习方式不仅给学生带来成就感，大大提高了学生的学习兴趣，还有效地利用了学生课余时间，解决了学生上课玩手机的现象。

为使同行教师们能更好地理解和应用此教学模式，在上面教学思路的指导下，对教学过程，课题组对理论课和实践课都设计了详细的教学教材、电子课件、教学案例。特提供部分章节理论课与上机实践课教案各一份，以供大家商讨。下面给出两节 JAVA 课程理论课教学与实践课教学的案例，以供同行参考。见表 5-1 和表 5-2。

表 5-1　实践题教学案例

<table>
<tr><td>教学内容</td><td colspan="3">JDK 安装与配置</td></tr>
<tr><td>教学目标</td><td colspan="3">知识目标：理解设置 JDK 环境变量的作用，掌握 JDK 安装与配置的方法
能力目标：正确设置 JDK 环境变量，能正确全面地验证配置结果，完成欢迎界面的设计</td></tr>
<tr><td>教学重点</td><td colspan="3">JDK 的安装与配置</td></tr>
<tr><td>教学难点</td><td colspan="3">环境验证</td></tr>
<tr><td>教学用具</td><td colspan="3">计算机、多媒体教学系统</td></tr>
<tr><td>教学过程</td><td colspan="2">步骤</td><td>备注</td></tr>
<tr><td rowspan="2">课前</td><td colspan="2">教师活动：录制教学视频、制作教学课件并上传到微信和精品课程网站，下发教学任务，供学生浏览。
学生活动：观看视频，安装 JDK，并配置环境变量</td><td rowspan="2">为节省上机时间，这两步可以在上节下课前完成</td></tr>
<tr><td>下达任务</td><td>1. 出现找不见 JAVAC 不是内部命令提示信息，为什么？
2. 查看 JAVAC 在什么地方？
3. 将文件与 JAVAC. EXE 保存在同一路径下，运行顺利通过，为什么？文件必须保存在此吗？有什么不好处？
4. 如何修改？</td></tr>
<tr><td>课中</td><td colspan="2">1. 学生上机调试，寻找答案。
2. 小组讨论，分享答案。
3. 教师巡回指导，提醒修改思路
4. 小组评比，总结评价</td><td>注意：分析设置 path 作用的区别：classpath</td></tr>
<tr><td>课后</td><td colspan="2">构建此知识的应用方法</td><td></td></tr>
</table>

表 5-2　课堂教学案例

<table>
<tr><td>教学内容</td><td colspan="4">包与访问修饰符</td></tr>
<tr><td>学情分析</td><td colspan="4">项目已完成专业类与计算机编程图书类的定义，知识已理解类的继承，理解类的定义、能使用类对象</td></tr>
<tr><td>教学目标</td><td colspan="4">知识目标：理解引入包与访问修饰符的背景、目的，掌握包和访问修饰符的使用方法。
能力目标：学会使用包管理类，能完成图书分类管理，如图书分类存储等</td></tr>
<tr><td>教学重点</td><td colspan="4">包的定义、与包中类的访问，访问修饰符的使用</td></tr>
<tr><td>教学难点</td><td colspan="4">访问修饰符权限应用</td></tr>
<tr><td>教学用具</td><td colspan="4">微信平台＋多媒体教学系统</td></tr>
<tr><td>教学过程</td><td colspan="3"></td><td>备注</td></tr>
<tr><td>课前</td><td colspan="3">教师活动：录制教学视频、制作教学课件并上传到微信和精品课程网站，下发教学任务，供学生浏览。
学生观看，准备描述以上过程。基于工作过程为导向教学模式如下：
1. 在同一个包中定义两个同名的类，保存文件。
2. 定义一个图书类 book，其中有取一个方法 setauthor( )，可以对图书类中的专业进行操作。在另一个类计算机图书类 computerbook 中，再定义一个方法 setauthor( )，问 computerbook 类中能调用 setauthor()对 book 类中的 author 进行操作吗？
学生活动：通过微信平台，浏览文件，了解教师布置的任务，浏览教师上传的课件、视频，以及相关知识，分析要解决的问题，小组讨论，找出拟解决问题的思路</td><td>视频播放同类案例的开发过程，情景激发学生兴趣、激活学生思维</td></tr>
<tr><td rowspan="2">课中</td><td colspan="3">1. 教师引导学生描述以上两个过程，询问学生调试结果或发现的问题。通过讨论并总结归纳出：
第一个示例不能通过，出现类同名，说明此时不能给类定义相同的名称，为什么？要想用同名如何解决？
第二个示例能运行通过，但不合理，别人能取自己账户上的钱，这肯定不可以，如何解决？
2. 教师在电脑上演示，如出现问题。提出问题，为什么不能通过，如何解决？</td><td>头脑风暴，培养学生自主学习善于发现问题的能力。热烈讨论，互相帮助，培养学生合作能力，竞争意识</td></tr>
<tr><td>建构评价</td><td>教师总结评价，帮助学生建构这部分知识。展示教师的总结知识框架图</td><td>各组展示自己的答案，并解释说明理由</td><td>师生共看课本，查缺补漏，建构知识体系</td></tr>
<tr><td>课后</td><td colspan="4">学生积极思考，热烈讨论，并能将解决实际问题的过程用几个关键知识点描述出来</td></tr>
</table>

理论教学完成后，由于还有两周的课程设计。在这一环节中，借助于学校与中软国际有限公司、太原思软有限公司签订的计算机应用型人才校企合作培养平台，借助这些校外提供的实训基地，我们组织学生在企业完成课程设计任务，以真实的工作现场作为课堂，让学生学到课堂上学不到的知识。这一过程不仅培养学生团队协作能力、综合实践能力，而且为教师了解、掌握最新的先进技术及发展趋势提供方便。此环节将学生分成协作小组，学生以开发团队（一个团队通常由 3～5 人组成）的方式开发完成一些实用项目。

第三，构建科学的评价体系。为保证课题对学生和教学效果的科学评价，经过课题组成员研究构建了以“注重过程评价，实施全过程多元化”评价体系。即教学教程中，对学生评价不是以单一的期末成绩为标准，而是根据项目完成的过程与最终作品，进行个人自评、组内互评、组间互评、教学参评，形成学生过程评价成绩。最终对学生成绩评价，可以从课堂与实践两方面考核。其中学生课程参与度评价占 20％，项目的过程评价占 40％，学生期末考试评价占 40％。小组每次完成项目的情况将成为实践考核成绩的直接依据。注重培养学生发现问题、独立分析问题和解决问题的能力以及团队合作精神，使学生初步体会到一个软件开发项目全过程。

第四，开发课程精品资源网站和微信平台。为了使课题研究实现过程管理、高效管理和科学管理，我们组织骨干教师开发了 JAVA 程序设计精品课程网站，并建立了 JAVA 程序设计微课平台。该网站设立了“课程概况、精品视频、课件、测试题、在线讨论”等栏目，为课题的研究提供了一个良好的平台。

这个平台有利于教师与学生相互交流、学习，方便学生课下查阅课程相关资源，通过微课平台的应用，有利于学生有效利用课余时间，也有利于教师跟踪学生的学习过程，方便对学生管理、科学评价。微课平台如图 5-10 至图 5-13 所示。

图 5-10　微课主界面

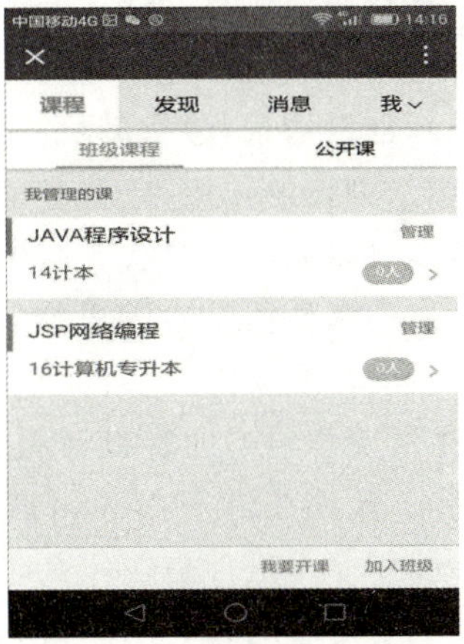

图 5-11　班级课程管理界面

图 5-12　上传的课件管理界面

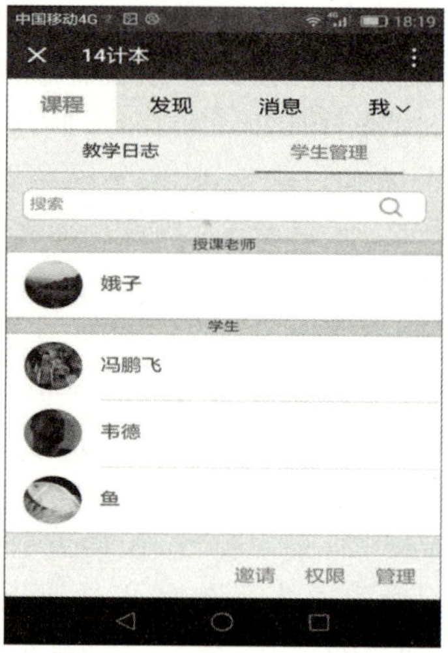

图 5-13　学生管理界面

4.进行对照实验研究

教学实施前后，设计对照实验，比较采用传统教学与新教学模式的教学效果的优劣。详细对照实验过程如下。

基于工作过程为导向的教学模式是以项目为载体，以完成任务为目标，注重问题解决者的独立活动，着眼于创造性思维、意志力和知识迁移能力的培养。在基于工作过程为导向的教学模式中，教师为学生提供技能帮助和活动空间，使他们进行研究、解释研究、应用研究，并不断根据情境变化改变研究。教学各环节如何具体如何操作呢？详细阐述如下。

(1)创设情景，激发动机

情景创设的作用：建构主义学习理论强调学习的情境性，它认为，在实际情境下学习，可以激活学习者头脑中与当前学习相关的知识，同时也可以导致认知上的冲突，启动和激活学生的思维，从而创造出师生情感、求知欲望、探索精神高度统一，融洽的情绪氛围，这对课堂教学起着很重要的影响的作用。在课堂上，教师针对学生所要学习的内容设计出有启发意义的情境，激发学生的学习动机，引出所需的问题。比如在讲JAVA语言的发展时，作者并没有直接讲述，而是先设计了几个问题，JAVA语言是在什么时期发展起来的？其特点是什么？语言基础是什么等，让学生带着问题上网搜索相关资料，预习教材第1章内容，个人总结通过搜索获得的信息，课堂上，教师组织学生分享个自获得的信息，最后再将信息归纳总结，形成这部分知识内容。对于这样的知识，如果采用传统教学方法，直接灌输，学生总是觉得枯燥无味，学后记忆也不是很深刻，而采用基于工作过程为导向教学模式教学，因为只是简单的检索、归纳，降低了学习难度，还给予学生表现机会，学生有强烈的参与意识和求知欲望，学习激情非常高，这样学后不仅觉得形象生动而且对本节知识掌握得也很灵活。

情景学习有助于知识的记忆、理解、迁移和应用。学生学习问题的过程，类似于学生在实际工作中处理问题的过程，这种反复出现的情景，有助于学生储存知识，组织长期记忆，使知识得到有效的保持和迁移，这种"从做中学"的方式有效地调动了学生学习积极性，对培养学生实际工作能力，自学能力有积极的作用。这正是传统课堂讲授的弱点。一般情况下，教师按下面步骤创设情景，创设过程应注意以下几点。

情景创设的步骤：

①教师对教材知识、目标，学生知识结构做需求分析。

②教师针对以上信息，查阅资料构建教学情景。

③教师根据教学内容和学生的反映适时地展示情景。

情景创设过程中的注意事项：

①教师构建的教学情景必须与将要学习的教学内容有关。

②情景中设置的问题必须与学生思维、知识结构有衔接点。

③构建的情景必须激发学生的思维。

④情景的展示可以有多种方式，但尽量能形象生动的表示情景。

(2)自主探索，发现问题

现代社会是信息化的社会，为了适应社会发展，社会个体要学会主动地摄取最有用的信息，具有独立思维能力。在课堂教学过程中，让学生成为教学的主体是现代教学改革的必然发展趋势。在知识总量以成倍速度递增的社会里，要赶上信息时代的步伐，自学能力的培养是关键。有了自学能力，无论知识更新的频率如何快，科学技术综合化的趋势如何强烈，都可以运用自学能力去有效地掌握知识，获得独立思考能力。我们要改变以往教师"一言堂""满堂灌"的教学模式，培养学生在教师的指导下独立探索质疑问难的自主学习能力。学生真正成为教学的主体，也就是学生能够积极主动地参与教学活动，积极主动地进行学习认识和学习实践活动。

成长无法替代，发展必须主动。所有能够有效地促进学生发展的学习都是自主学习。"带着知识走向学生"，不过是"授人以鱼"；"带着学生走向知识"，才是"授人以渔"。教师是学生成长的引导者、学生发展的领路人，而学生本人才是成长的主人、发展的主体。责任心和自主选择有着密切联系,"要我做"与"我要做"的主动程度,表现在学生身上大不一样。主动选择带来主动的学习,提供学生选择的教育,才可能是有效和成功的教育。学生自主选择的愿望是强烈的,学生主动发展的潜能是巨大的。所以在教学中我们要善于用多种教学方式去启发学生去思考,让学生面对情景时,出现头脑风暴,将原有知识与遇到的情景作比较,从而发现问题确定自己解决问题的立足点。每次呈现情景后,给学生一定的时间思考,去预习课本确定解决问题的思路。

JAVA程序设计教学中,学生常常面对的是一个与生活联系很紧密的实际问题,要解决问题,学生必须从已知的条件出发,层层揭示问题、探究问题,分析问题与结论之间的矛盾,在分析问题过程中学习相关的知识,以求找到解决问题的关键。这一过程渗透了启发式教学的心理学原理。在自主探究过程中,学生解决学习动机的矛盾,活跃学生的思维。它以问题为先导,激发学生的内在学习动机;导出问题的结论,学生必需积极探索、主动学习。

比如在学抽象与封装这部分知识时,首先要提出什么是抽象?为何要抽象?怎么去抽象?什么叫封装?封装的作用是什么?带着这些问题,学习类、对象、访问修饰符等就不是很被动,机械学习了,相反,在这些理论的支撑下类、对象、访问修饰符这样抽象的概念变得却很简单易学。

(3)合作交流,分析探究

建构主义理论认为,社会性的互助可促进学习,学习者与周围环境的交互作用,对于学习内容的理解,起着关键性的作用。学生们在教师的组织和引导下一起讨论与交流,共同建立合作学习群体。这种合作包括生生之间的合作与师生之间的协作,学生与学生在这种合作中互补长短,师生在合作中相互交流。

建构主义还认为,学习是一种能力的构建过程,应积极培养学生对本身能力的自信心,使学生在教学过程中成为一个积极的探索者。多元智力论告诉我们,学生个体之间存在智力差异,他们在习德与智力水平上有着各自的风格与强项,在智能发展上不存在失败的学生。这就启发我们在教学过程中,要认真地对待学生的个体差异,充分发挥学生的能动作用,使学生积极参与到学习和实践中去,真正成为学习的主体。这一阶段强调生生互动。因为在课堂上,学生之间的关系比任何其他因素对学生学习成绩、社会化和发展的影响,都更强有力。在教学目标上,合作教学注重突出教学的情意功能。追求学生在认知、情感和技能目标上的均衡发展。在小组合作活动中,小组成员之间可以互相交流,彼此争论,互教互学,共同提高,既充满温情和友爱,又像课外活动那样充满互助与竞赛。同学之间通过互相关心、互相帮助而满足了彼此精神上的需要。

在合作学习过程中,教师不能作为知识的垄断者,而应成为学习活动的组织者、指导者、参与者,建立起平等、民主,与相合作,尊重、信任,共同参与的师生、生生关系,必将对学生的认知发展起着重要的作用。那么如何发挥教师的指导作用?作者认为,教师对学生提出的问题不可能也不必要都回答,更不要将学生的探究引向已有结论,教师要考虑如何站在稍稍超前于学生智力发展的边界上(最近发展区),通过提问来引导讨论,在方法、技巧上给学生以指导,启发学生多方位思维,引导质疑,探究创新,使学生学会思考。切忌直接告诉学生应做什么。同时要注意观察学生在学习过程中品德、能力、个性的发展,给予适时的鼓励指导,帮助学生建立自信,培养学习兴趣,发展非智力因素。如我们在指导学生学习JAVA编程时,对学生遇到的问题,指导学生通过软件本身提供的强大帮助系统、浏览一些著名的JAVA程序等方法,寻找问题解决的方案,提高学生分析解决问题的能力。

(4)反馈评价,意义建构

建构主义认为,“意义建构”是学习过程的最终目标,所谓“意义建构”是指认识事物的性质、规律以及事物之间的内在联系。

建构是目的,评价是手段,通过评价学生才能知己知彼,真正从评价中发现问题的实质,才能与自己原有知识发生联系,才能构建自己新的知识框架。所以说“意义的评价、知识的建构,立体结构的形成”这才是我们教学的最终目的。

5.1.3 构建这一教学模式的策略

1.抛锚式与支架式教学策略相结合的策略

抛锚式教学是让学生到真实事件中去感受、体验,从而获得直接经验,这一过程是以真实事件的问题为基础。而支架式教学:是为学生对知识的理解提供一个知识框架,把复杂的学习任务加以分解,便于引导学生逐步深入理解。

计算机程序设计课程教学内容比较难,需要教师对知识点进行分解,学生才容易理解消化,所以比较适合用支架式教学法。但是程序设计课程相对来说比较枯燥。没有实际例子很难教学,所以采用抛锚式教学法也比较适宜。由于学生自学能力和自控能力都停留在比较低的层次上。如果采用抛锚式教学法,学生不一定能完成教师抛出的“锚”。同时也因相当部分学生无心求学,如果仅仅采取支架式教学法一个个知识点讲解,学生的积极性很难调动起来。因而,在计算机教学中。单纯运用支架式教学而不顾抛锚式教学。或单纯运用抛锚式教学而不顾支架式教学,都是不恰当的。如能将两教学法结合起来将会得到满意结果。

2. 自我反馈教学策略

这是何克抗、李克东等专家学者通过多年的语文“四结合”教改试验研究，从实践中总结出来的一种“发现式”教学策略。他们在教改试验中设计了让学生通过计算机实现自我反馈的自主学习方式。在老师讲解完疑难汉字的读音、笔画及字义以后，不仅让学生在田字格上写出来，还要让学生立即用认知码，把这个字输入到计算机中去。如果学生对疑难汉字的字形或笔画辨认有误，则屏幕上不能正确显示该学生当前输入的汉字，这就等于给学生一个反馈信息：“你对该汉字的辨认有误，请他细观察该字的字形及笔画。”学生得到这个反馈以后，必定会认真考虑：为什么别人的对，而我输入的错了？从而主动检查和发现自己的错误，然后加以纠正并重新输入，直至得到正确的显示为止。这个过程完全由学生自己主动进行，无须教师介入。通过几百所试验学校的实践证明，运用这种自主学习方式后，期末测试几乎百分之百的学生都能正确掌握上面所说的这类疑难字。为什么传统教学方法，老师讲解五六次仍有不少学生掌握不了，而在用新方法教学，无须教师多费口舌去纠正，几乎所有学生都能很快学会呢？其根本原因就在于，前者采用的是传统的以教师为中心的灌输式教学，学生在学习过程中是被动的。而后者则采用能实现自我反馈的自主学习策略，由学生自己去发现错误，改正错误，在这过程中学生完全处于主动的地位。将自我反馈教学策略应用于程序设计、多媒体作品制作等需要大量的上机实践的教学活动中，既可以激发学生的主观能动性，又可以训练学生的创造性思维能力。

5.2 教学实施

5.2.1 微课程学生学习体验

1. 微课程教学实践

(1)学习介绍

此次参与研究的学生共 50 人(山西工程技术学院计算机专业 1407 班、1408 班)，两个班级，每班 25 人，班容量较少。通过学情分析，了解到学生在上课之前几乎不做任何预习，每次来上课都是被动地被灌输知识，虽然学生基础知识较为薄弱，但对新鲜事物容易接受，动手能力强。

具体安排步骤如下：

2016 年 4 月份，笔者利用 10～12 个课时，采用原有的授课方式与学生使用微课程学习平台进行自主学习相结合的方式，教会学生如何使用微课程学习系统，并在系统内对学生进行学习目标的测试，以及对学生的咨询进行回答。通过这些知识的学习，绝大部分学生对微信平台的使用学习已经有了初步的认识。2016 年 3 月 10 日，向研究对象发放“学生微信使用情况与 Java 微课程平台构建调查”问卷 40 份，收回问卷 40 份，有效问卷 40 份，问卷的回收率为 100％，其中有效率为 100％。发放该问卷的目的是进行实验前测，并于 4 月 7 日开始“基于微信的 Java 微课程学习系统”的实际应用。

2016 年 4 月 7 日至 2016 年 5 月 30 日，历时 2 个月的教学实践，教授内容主要为课前学生通过微课程学习系统进行课前学案大纲的学习，通过知识地图、微视频进行重难点的重复观看学习，课堂上任何疑问都可以在课下通过微信系统询问老师，在学习系统里完成学习测试来检验学习成果等。先确定研究假设，依据 Java 程序设计课程对高等院校学生开设的培养目标要求。

(2)研究假设

笔者提出的研究假设为假设一，使用基于微信的微课程学习系统后，能够提高学习者的学习兴趣与学习效率。假设二，使用微信的微课程学习系统后，能够提高学习者的自主学习能力、问题探究能力，增加师生交流，进而提高学习绩效。

(3)方案设计

本次实验采用单组前测后测准实验研究法、问卷调查法。按照实验实施时间序列分为实验前测和实验后测。实验前测即在学习者学习使用“基于微信的微课程学习系统”之前，进行的问卷调查测试，实验后测是在实验结束后对实验效果的测试和调查。本研究的实验前测，笔者通过“学生微信使用情况与 Java 微课程平台构建调查”问卷和个人访谈了解学生对微信以及 Java 程序设计课程的认知和态度。实验后测，通过“微课程学习系统自主学习满意度调查”的问卷调查，结合访谈问答，了解学生对“微课程的学习系统”的认知和态度，另外，通过微课程系统中设计的“学习目标测试题”模块，收集学生通过微课程学习微课后测试的效果等相关信息。最后，笔者对前后测两次问卷调查获得数据进行统计分析，结合学生在线反映信息分析情况，得出实验结论，分析实验理论基础和实施方案存在的问题，对其进行修改、完善。

(4)教学准备

在学生开始学习之前教师应该在后台更新最新的所学章节最新的学案，根据课程内容的设置以及学生的掌握情况，首先设计一份大纲学案，然后将学案通过我们的服务器后台进行编辑发布，在后台更新微视频的最新内容与学习目标测试题后就开始让学生开始新一章内容的学习。

2.学生自主学习过程

实验过程历时14个课时,每两个课时完成教材中的一章内容,每个课时前与课时结束后让学习者使用微课程学习平台进行学习。现在以Java课程中的"流程控制"内容为基础,挑选班级里一名学习者为例,演示他利用微课程自主学习系统进行学习的整个过程。具体步骤如下:学习者首先通过微信添加好友或者扫描二维码添加笔者所设计的微信平台。然后进入微课程学习平台的欢迎界面。学生看到一个欢迎的界面,内容为笔者在后台所设置的欢迎内容,内容里对整个平台做了一个简单的介绍,回复"开始学习"后,学生可以看到学习平台的菜单。学生可以清晰看到在开始学习菜单下的六个功能,学生回复数字"1"开始下一节课之前的课堂预习,回复后学生便收到了新消息是下一节课的大纲内容,是一份关于《流程控制》章节的教学学案,学生通过手机放大该图片,清晰地了解到4月10日JAVA这门课程上课的内容,重难点在哪里,帮助学生在课堂进行之前就对本节课的内容有一个预习的效果。学生可以通过教师设计的学案进行学习。回复数字"2"、"3"对应的功能便是知识的回顾与JAVA源代码的查看。学生在完成对大纲的学习后,可以通过回复数字"5"进行Java微视频的在线学习,然后点击视频进行播放学习一个小的知识点,直接打开平台推送过来的链接,播放这段微视频就可以进行学习,学生在学习的过程中有任何疑问都可以通过回复数字"4"进入咨询老师环节。如果学习者回复数字"4",平台反馈是咨询老师,学习完成后,怎样检查学习的效果呢?对此学习者可以回复数字"6"认真回答教师所设置的学习目标测试题,用来检测学生的学习效果。在平台的使用过程当中或者上课的知识出现疑问,都可以通过咨询老师模块来进行问答,该同学进行了提问,后台就会记录下来推送给老师,这个环节除了学习者可以咨询学习中的问题,也可以作为使用者通过这个模块对平台的内容、功能设计进行评价,比如服务器的响应速度是否及时,教学内容是否合理,学习者有什么良好的建议都可以反馈。教师可以在后台通过学习者的反馈,总结通过该微课程学习平台是否让学习者在学习上达到了预期的学习效果,提高没提高教学的效率。同时教师也可以在后台观察学生重点查看了哪几项知识点,分析学生的共性问题并予以解决。

3.实验结果的分析

微课程支持学习系统开发完成便开始教学实践,笔者本轮实验历时将近两个月,在这两个月里,笔者每天晚上都会在后台中查看学生的学习记录,访问次数,学习内容,重点查看学生访问每一菜单功能的次数与学生重点关注的内容,积极回答学生在平台里提出的疑问与难点。在实验结束之后，2016 年 6 月 1 日，笔者再一次向课程参与学生发放“Java 微课程平台构建调研问卷”（详见附录 A）与“Java 微课程平台使用效果与系统测试指标体系”（详见附录 B）。发放问卷 44 份，收回问卷 44 份，有效问卷 44 份，问卷回收率为 100%，有效率为 100%，进行实验后测。笔者主要是基于软件工程的测试方法进行微信平台的运行测试，以期达到实验后测的目的。主要包括：微课资源、学习内容及学案的设计、咨询互动环节以及学生的使用反馈等环节进行使用效果的调查。测试对象为山西工程技术学院计算机专业 1407 班和 1408 班。测试周期为 2 个月，测试的地点在山西工程技术学院。测试的方式是通过微课程学习平台进行的电子问卷调查，测试后发出问卷 44 份，回收 44 份，有效率 100%。

（1）学生自主学习能力变化分析

根据问卷调查目的，笔者对该问卷调查获得数据分二部分进行统计分析。第一部分，学生对自主学习的进行和实际教学活动运用微课程平台的认知与态度调查。将答案设置为“非常必要”“有必要”“没必要”三个选项，首先利用 Excel 2003 所有问卷的每一个题目进行基本数据，分析全体学生在实验前后各问题调查方面的变化。

以上数据分别反映，通过本次参与教学活动，学生在以下几个方面发生了比较大的变化：是否可以通过使用微信来进行学习，由原来的 39.6%提高为 82.8%；在 Java 课程的教学中通过微课程进行微视频学习的必要率由原来的 59.8%提高为 80.1%；在学习 Java 程序与设计的过程中课前进行大纲预习的必要率由 71.3%提高为 84.3%；另外，在学习 Java 程序与设计的过程中，咨询老师的必要率和以后的 Java 程序与设计教学活动中，建立微课程自主辅助学习系统的必要率都分别提高了 24.5%、16.1%。通过前测与后测的对比，我们可以得知通过使用微课程平台后，学生的观念发生了很大的变化，学生很乐于接受这种学习方式来进行自主学习以及师生之间的交流。基于微课程的学习体验 39 第二部分是关于微课资源即学习内容及学案的设计，研究调查主要是从教学内容及学案设计和微课程中的微视频、图片、声音素材等方面进行评测。教学内容及学案设计方面 81%的学生认为优秀，普遍认为该学习平台完成了课前的预习与课后的复习，提高了课堂的积极性，尤其是提问的次数明显变多，学案里的知识设计与教学内容组织结构合理、准确；学案内容与课程单元相关且丰富多样；学习内容适合学习者需求。13%的学生认为一般，6%的学生认为很差。课程中的微视频、图片、声音素材等素材部分 70%的学生认为优秀，表现在微视频资源丰富；教学需要的资源和代码多样，选择推送的一些素材具有代表性，22%的学生认为一般，3%的学生认为很差。从对这一部分的调查分析来看，学习内容及学案的设计的组织合理、准确，学习者都能及时地从该平台中获得快捷有用的信息及知识。

(2)微课程平台和自主学习模式满意度调查统计分析

接下来主要是系统平台性能的反馈与自主学习模式满意度的调查，首先是调查学习者从自身使用的经历中，对平台的功能菜单设计是否合理进行反馈，从问卷的反馈中，因为界面风格是微信后台一贯统一的风格，所以在界面风格上的调查结果显示 86%的学生认为优秀，普遍认为微信公众平台系统默认的界面色彩使用简洁、美观、方便。其他 11%的学生认为一般，剩余的 2%的学习者则认为较差。而菜单设计部分的调查结果显示 72%的学生认为优秀，普遍认为菜单的指向性很明确，根据操作提示可以一步步完成自主学习，菜单中的文字、声音及图片、微视频等媒体信息运用设计搭配较为合理、便于操作及帮助理解，75%的学生给出的评价的为优秀，22%的学生选择的一般，3%的同学认为很差。

从界面菜单设计这一块来说界面风格由于是基于微信菜单，能够得到学生认可，而菜单的设计比较成功，但明显有一定的烦琐性，比如有的同学会参考服务号，会说，老师你的平台每一次进去我们都要输入“开始学习”四个字才能开始学习，而一些服务号可以将开始学习四个字设置到最下方做成一个菜单，每次进来一点开始菜单就可以进行学习，这个点击和输入“开始学习”四个字相比的确是特别方便，但基于微信的一些政策，目前无法开放这个功能将“快乐学习大家庭”订阅号升级成为服务号，这是笔者目前的一个不足，今后会实时关注微信公众平台的最新公告，希望可以将这一块进行补足，提供给学习者一个更舒适的学习环境。

从导航操作的响应速度和平台与学习者交互性两个角度对性能的部分进行评测调查。导航操作部分的响应速度的调查结果显示 72%的学生认为结果为优秀，普遍认为导航菜单设计不但简洁清晰，便于操作，反应速度更是极快，一般在发出后延迟几乎感觉不到，多于 25%的学生则认为结果是一般，3%的学生认为较差。链接设计部分 63%的学生认为优秀，普遍认为链接地址清晰，颜色区分很分明，点击跳转准确，没有死链，34%的同学认为一般。交互性部分 75%的学生认为优秀，交互方式以及类型较为合理，易于理解，反馈以及响应时间迅速。剩余 22%的学生认为良好，3%的学生认为一般。

从调查的结果分析来看，该微课程学习平台的服务器响应速度很快，学习者在这一块没有失望过。导航菜单的设计，功能的指引，资源的发送与回收，多样的交互活动都是基于我们云服务器，所以响应速度很快，在这一块该学习平台无疑是很优秀的。基于微课程的学习体验在系统测试基本完成后，笔者对学生在 Java 程序语言设计微课程自主学习系统中的进行自主学习是否满意进行测试。从后测的问卷调查“微课程平台自主学习满意度”的结果中来看，大部分的同学认为是满意。结合笔者的观察认为学习者通过平台取得的学习成果和学习方式的转变是成功的。笔者的观察是从具体方面总结出来的：首先学生积极在微信上关注在 Java 程序语言设计微课程自主学习系统，从每天的后台数据库里笔者可以看到学生进行学习的全过程以及关于 Java 课程有关的提问，学生积极通过平台进行大纲预习以及微视频课程的播放，学习完成后，主动练习学习目标测试题。在对平台的反馈里积极与其他同学交流和共享学习，提出平台不足的问题。有利于同学们协同提高 Java 编程的能力。从后台的记录里可以看出，师生之间的交流更加的频繁，很多同学都可以主动就不会的知识点在询问模块里向教师进行留言，教师收到后也进行解答，这种主动提问的现象在传统的课堂中出现的次数很少。当然从问卷结果和教师测试阶段来看，平台也出现了这样那样的问题，如从后台对学生学习过程的观察可以得出结论，相当数量的学习者对微视频的学习只是出于好奇与新鲜感，往往没有进入深层次的学习中，有一些课程大纲与微视频访问的次数较低，这说明学习者的学习积极性有待提升。关于平台教师回答学生的咨询，毕竟时间和精力并没有那么充足，有时无法对每一位学生的提问进行回复，这也会影响一些学生的学习积极性。系统并没有制定统一完善的技能评价量表，所以实验的结论也不够科学和准确。

(3)学生自主学习效果的调查统计分析

在学生通过微课程进行微视频等自主学习后，微课程平台设置了学习目标测试题这个功能，用来检测学习效果，所以教学实践最后是学习效果的检测，首先笔者从后台设置好学习目标测试题的内容，具体为 10 个填空题，然后笔者从后台回收 44 个学生回答的数据进行统计分析。从图中可以看到，首先每个同学都完成了作业，相比传统课程老师布置下去内容，学生要拿出笔拿出练习本进行回答，在微课程平台只需要用学生最擅长的手机打字就可以完成，提高学生的兴趣。具体而言，答对 5 道题以上的同学人数高达 35 人，证明学习效果还是不错的，但不可否认，还是有 9 个学生正确率不足 50%，提醒着教师要注意课程内容的设置，尽力考虑到学生的需求。

5.2.2　教学对照实验的具体过程

为探究本教学模式的教学效果，本人在本校开展了教学对照实践研究。学期开始前通过对学生知识结构、JAVA 教学内容、教学目标以及本实验目标分析后，制订教学计划。现将教学计划与实践过程总结如下：

第一，实验在计算机本科两个班进行；

第二，学生学习最终评价通过定性、定量两种方式进行，比较学生在能力和学业方面的变化；

第三，为本学科教学设计出理论课与实验课的教学思路；

第四，为使同行教师们能更好地理解和应用此教学模式，在上面教学思路的指导下，特提供部分章节理论课与上机实践课教案各一份，以供大家商讨。

为验证教学效果，教学中课题组做了对照实验研究，比较传统教学与新教学模式的优劣。具体对照实验过程如下：

1.目的

本课题对照实验试图通过在JAVA程序设计教学中，利用自己构建的程序设计教学模型，打破传统以讲授为主的教学模式，将实际项目注入教学过程中，激发学生的学习动机，在小组协作、教师引导，学生完成任务，最终达到培养学生学习程序设计的兴趣，提高他们自主学习的能力。

2.对象

实验在本校计算机本科专业两个班进行，（两班人数分别为30、30，测试取相同人数30个）。1班是实验班，2班为对照班。

3.时间

实验从2016年9月开始至2017年9月结束，共计两个学期。

4.对照实验过程

课前准备工作：①因本教学模式用到小组合作，所以学期开始前，对两班学生进行分组，分组依据学生成绩（第一学期C＋＋课程成绩＋课程设计成绩）/2），平均组合小组，每班共5个小组，每组6人。②设计问卷。本问卷是在对《成功素质教育（评价与测量）全集》中各学科学习兴趣测量评价表进行修改后形成的。

实验过程：在实验班采用新的教学模式授课，在对照班采用传统教学模式授课，并通过两次问卷调查、一个评价量表、一次考试测试和学生毕业就业意向，分别分析学生对学习本课程兴趣、自主学习能力以及学业成绩三个方面的变化情况。

实验案例1：

通过在两班进行两次问卷调查作对照实验，分析两班学生在学习本课程兴趣方面的差异以及两班在学期前后对本课程学习兴趣的差异。第一次问卷在教学进行一周后发放。两班共发60份，收回60份，有效问卷为60份。第二次问卷在第二学期末发放。两班共发60份，收回60份，有效问卷为60份。最后对两个班的前测、后测问卷数据做χ^2分析。结果如表5-3所示。

表 5-3　课程兴趣对照表

<table>
<tr><th rowspan="2"></th><th colspan="2">1 班</th><th colspan="2">2 班</th><th colspan="2">χ^2</th></tr>
<tr><th>前测</th><th>后测</th><th>前测</th><th>后测</th><th>χ^2 前测</th><th>χ^2 后测</th></tr>
<tr><td>喜欢(80～100)</td><td>13</td><td>21</td><td>15</td><td>20</td><td rowspan="4">0.403<5.991
$P>0.05$,不存在差异</td><td rowspan="4">6.12>5.991
$0.01<P<0.05$,存在差异,但不太显著</td></tr>
<tr><td>一般(60～79)</td><td>27</td><td>28</td><td>24</td><td>23</td></tr>
<tr><td>不喜欢(10～59)</td><td>15</td><td>6</td><td>16</td><td>12</td></tr>
<tr><td>χ_2^2</td><td colspan="2">$\chi_1^2=17.6>9.21$
$P<0.01$,存在显著差异</td><td colspan="2">$\chi_2^2=2.11<5.991$
$P>0.05$,不存在差异</td></tr>
</table>

实验结果分析:从表中数据结果表明:学期刚开始两班在学习本课程的兴趣上不存在显著差异。大多数表现出一般的态度。通过用两种教学方式授课一个学期后,两班在学习本课程的学习兴趣上存在差异。1 班与学期前相比存在显著差异,该班对本课程的学习兴趣明显有所提高,喜欢人数显著增加,而不喜欢人数明显减少。而 2 班学生对本课程的学习兴趣虽有所提高,但不太明显。

实验案例 2:

为测量学生的能力,在教学过程中利用《能力评价表》(《成功素质教育(评价测量)全集》(上))对学生的各项能力进行跟踪分析。为使同行能得到具体的分析参考,现举一完整实例分析如下:

课题:接口。

教学目标:

(1)知识目标:①理解接口的概念、引入背景,掌握定义、使用方法;
②区分接口、类、抽象方法。

(2)能力目标:①灵活使用接口解决实际生活中的问题;
②培养学生将课本知识用于实际生活的能力。

教学过程:

(1)传统教学模式的教学设计过程:

①教师用多媒体出示本节教学目标;

②教师按照教材编排顺序讲解接口的概念,引入接口的作用,接口定义的方法,接口与类、抽象方法的异同;

③教师按照教材案例演示接口定义的方法,解释引入接口的作用;

④布置练习作业,学生练习巩固,从而达到掌握本节知识的目的。

(2)应用基于工作过程系统化的 JAVA 程序设计教学模式的教学设计过程:

①情景创设

课前,教师微课展示一项目示例:

设一个子类 B 继承于两个父类 P1 和 P2,而 P1 和 P2 中又恰有同名同参数列表、代码又不完全一样的方法 same(),子类 B 中没有重写这个方法,但需要调用。根据继承性原则,子类实例可以调用父类的方法,而 B 中两个父类中都有 same() 方法,那么 B 的实例调用的是哪段代码呢?

然后抛出问题:“此时 B 的实例调用的是哪段代码呢?是你父类 P1 的,还是父类 P2 的?”

学生们发现了这个问题曾和 C++ 中的多继承相似,教师提示参阅课本将要学习的内容。寻找解决问题的方法。

②自主学习,发现问题

课前,学生们开始认真分析,与自己以前所学知识比较,确定解决这一问题的思路,找出问题的关键。学生们有的阅读课本、有的写代码、还有的查阅 C++ 资料。总之,在此过程中学生积极思考,通过微课程平台,学生互动分享资料,通过讨论之后学生们很快确定了自己解决问题的思路。有的学生提出这和抽象方法很相似,为何还要引入这个概念呢?也有的学生提出把接口定义成抽象类不可以吗?寻找答案。

③合作交流,分析探究

课堂上,每个学生确定了问题和解答案思路后,与小组成员交流意见,比较、分析彼此的思路。共同研究资料相互调整、相互改进、相互完善自己总结。在此过程中如有都不能确定的问题,可以向老师求救。经过小组讨论,教师指导最后形成小组的共识,得出问题正确答案。

④反馈评价,意义建构

小组讨论完成以后,教师选择合适的时间组织各小组阐述他们的原因和答案,各组共同交流,分析之后,形成此问题最终的正确答案。在此过程中,必要时教师要向学生讲述必要的概念、规则等。

⑤上机调试,修改完善

编写程序,上机修改完善程序,最后得出正确的程序。下面是其中一组编写的代码:

```
public class TestInterface {
                                        public static void main(String[] args) {
                                        Fish myfish=new Fish();
  Sheep mysheep=new Sheep();
```

```
  Frog myfrog=new Frog();
    System.out.println("myfish 高兴的说:"+myfish.life());
    System.out.println("mysheep 高兴的说:"+mysheep.life());
    System.out.println("myfrog 高兴的说:"+myfrog.life());
                                  }
}
interface WaterAnimal{
    public abstract String life();
    }
interface LandAnimal{
                public abstract String life();
}
class Fish implements WaterAnimal, LandAnimal{
                String name;
                public String life(){
                return (System.out.println("我是鱼,我生活在水中"));
                }
class Sheep implements WaterAnimal, LandAnimal{
                String name;
                public String life(){
                return (System.out.println("我是羊,我生活在陆地上"));
                }
class Frog implements WaterAnimal, LandAnimal{
                String name;
                public String life(){
                return (System.out.println("我是青蛙,我既可以生活在水
中,也可以生活陆地上"));
                }
  }
```

学生发现大家的结果虽说不一样,但都能解决此问题。学生不由得就去比较分析,看自己的与别人的有什么不一样,谁的更简便,更易理解,更易控制等。这一过程使学生深深体会到问题解决的多样性和程序最优化的必要性,更使他们体会到:学习程序过程中,分析算法的必要性和重要性。

⑥考核评价，分析结果

为统计分析这一阶段学生学习能力的培养情况，特别在学期末组织学生进行评价测试。评价表如表 5-4 所示。

表 5-4　能力评价表

项目	具体内容	分值	小组互评	师评
合作能力	态度积极热情、合作默契、关心相互的学习进展、积极配合小组成员讨论，能虚心采纳他人意见。	8～10		
	态度较积极、较关心相互的学习进展、能配合小组成员的讨论，组内关系融洽	6～7		
	不太积极、配合不够默契，组员相互间容易脱节，偶尔会关心他人的进展	4～5		
	不积极、不管他人，不关心相互的学习进展	1～3		
创新能力	能灵活处理学习中出现的问题；能在对问题进行分析的基础上提出多种解决方案，且方案有创意	8～10		
	能对问题进行分析，从不同角度提出多种解决方案，这些方案略有创意	6～7		
	只能对所遇到的问题进行简单分析、转化，提出一种解决方案，且方案没有创意	4～5		
	不能对所遇到的问题进行转化，只能按部就班地解决问题	1～3		
自主学习能力	能够独立完成所承担的任务，能独立查找、分析信息，设计问题解决方案	8～10		
	独立完成所承担的大部分任务，能独立查找信息，对解决方案的设计只能提供部分意见	6～7		
	基本能独立查找、分析信息，对解决方案的设计只能提供极少意见	4～5		
	不能独立设计解决方案，也不能完成角色任务	1～3		
反馈问题	能正确将问题用流程图的形式描述出来，思路清晰。并能将流程图中的关键点用恰当的结构形式表示出来	8～10		
	基本能描述出解题过程，能画出程序设计流程图的关键处。不能将流程图用结构语句表示出来	6～7		
	能够描述出，不能画出流程图中的关键点，只能机械地理解结构语句中的每一部分	4～5		
	不能描述出解题过程，思路清晰，不知从何入手	1～3		

本表评分方法：首先每位学生给每一小组评分，那么小组自评分为本组各成员评分累加/以小组人数，小组互评分为各组评分累加/6。小组最终得分算法是：教师评分×50%+(小组互评分累加/6)×50%=(小组最终得分)。最终统计如表 5-5 所示，能力分析结果如图 5-14 所示。

表 5-5 学习结果评价量表

	小组自评得分		小组互评得分		教师评分		实际得分	
	1 班	2 班	1 班	2 班	1 班	2 班	1 班	2 班
合作能力(10 分)	7.0	6.3	7.01	5.65	7.1	6.4	7.05	6.03
创新能力(10 分)	7.3	6.5	7.05	6.25	5.8	6.7	6.42	6.48
自主学习能力(10 分)	7.6	6.5	7.01	6.30	6.8	6.2	6.95	6.25
作品反馈(10 分)	6.5	6.0	6.65	6.45	6.7	6.5	6.65	6.48

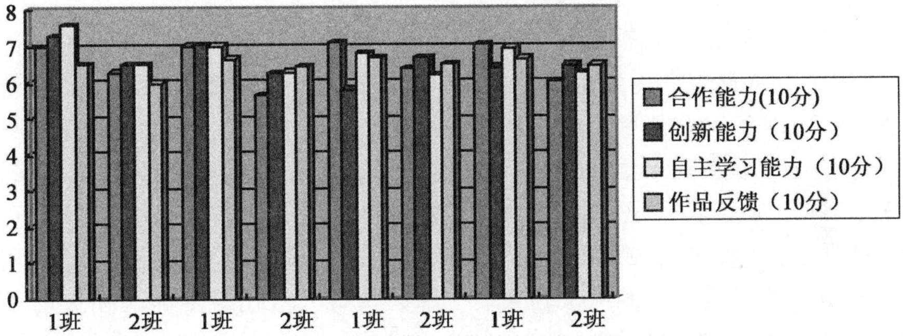

图 5-14 能力对照

经过对各项能力统计分析，由表 5-5 和图 5-14 可以看出实验班各项能力相对比对照班都高。这一现象说明新教学模式在培养学生以上能力方面有促进作用。

5.3 应用分析

5.3.1 研究成果应用情况

经过多年的精心研究，笔者取得了一些成果，这些成果不仅为本校学生提供了学习，锻炼平台，也为热爱学习 Java 程序设计的爱好者提供学习和交流机会，使在本校的计算机专业学生直接受益，更可贵的是可以为省兄弟院校同类课程开展教学改革提供参考。研究成果对应用型本科院校计算机专业转型发展的理论研究具有一定的借鉴意义和实际推广价值。具体推广应用如下：

(1)本校应用(本校学生直接受益)

本课题研究成果在本校计算机科学与技术专业 JAVA 课程教学中得到实施应用，收到良好的效果，本校学生直接受益。通过对照实验得出，试验班学生学习兴趣、综合能力比对照要好。与同类学生相比，他们学习的主动性要强，参与课外活动的人数多，获得的成果也比较多。近年来试点班学生分别申报了“山西省大学生创新创业项目”(大学生创新创业项目立项文件)，参加了“华北五省计算机应用能力技能大赛”“兴晋挑战杯”大赛，“互联网＋”大赛都取得了优异成绩(学生参赛获奖证书)。成果的应用有效地促进了专业、课程的建设，提高了学生实践创新能力，学生也得到用人单位的好评。

(2)改革成果广泛推广，示范作用显著

基于工作过程导向的教学模式在我校计算机专业实施 2 年，被校内同行教师借鉴，得到了充分肯定。主编的教材《JAVA 程序设计教程》及《JAVA 程序设计案例教程》自 2014 年正式出版以来，已进行了两次印刷，被省内外多院校(山西农业大学、忻州学院、常熟理工学院、江西理工学院、长春工业学院、武汉科技学院、安徽师范大学、咸阳师范学院等)多次选用，作为本校相关课程教材，使用量逐年提高，且用后评价良好(教材使用情况证明)，(校外同行专家评价)。自主研发的精品课程资源网站为师生提供便利的交流平台。课题负责人依托与本课题相关的系列课题撰写的论文在《山西电子科技》等刊物上发表(发表的论文)，并被同行多次转载引用。

(3)校内外同行专家充分肯定，社会广泛关注

省内知名专家计算机应用技术学科带头人多名教授阅读了笔者的《基于工作过程的〈JAVA 程序设计〉教学改革》课题研究报告，给予了高度评价，他们一致认为该课题的研究成果在全省同期同类研究中达到先进水平，具有一定的实用价值和推广意义。教学模式也被学院计算机专业教研室在教学中借鉴，教师们提出了很多修改方案，同时对课题成果给予了充分肯定。

5.3.2 教学效果分析

经过多年对参与 JAVA 课程教学改革与实践研究的学生跟踪，得出以下几方面结论：

1.学生实践动手能力方面

能开发基于JAVA的应用管理系统和门户网站,企业实践中独立分析问题和解决问题的能力提高了。

2.学生日常学习表现方面

(1)增强了学生学习JAVA程序设计的兴趣。学生上课玩手机的人少了,争先回答问题的人多了。

(2)提高了学生的自主学习能力。学生等老师讲的人少了,提前寻找解决方法的人多了。

(3)增强了学生合作能力。学生小组作品类同的少了,有创新创意的多了。

3.课题组成员方面

除积累了采用基于工作过程的项目化教学改革的经验,熟悉了利用移动学习进行微课程教学和指导学生学习的方法,提高了利用翻转课堂教学模式进行教学的技能。课题组成员还在课题研究前期通过重构课程内容,出版教材2部;研究中期发表研究论文一篇;研究后期完成研究报告的撰写,课程教学课件制作、JAVA精品课程网站设计。为以后进一步进行教学改革积累丰富的理论基础和实践经验。

5.3.3 具体实施中存在的问题和解决方案

1.学生配合问题

开始由于部分学生思想觉悟不高,学习兴趣不浓,积极性没调动起来,所以在思考问题上,小组合作上配合不好,还有部分学生因平时缺乏锻炼,性格比较内向,不敢在同学和教师面前发表自己的意见,不敢与教师交流,不敢上黑板发言等。这些现象对我们顺利进行教学带来了一些困难,为使实验能得到准确的数据,发现以上现象,我对学生采用了物质奖励的形式,以此激发他们的学习积极性。另外,在此教学过程中,此模式本身与学生实际生活联系很紧,当学生解决问题后有一种成就感,以上学生在性格开朗、思想活跃学生的引导和感染下,也变得积极起来。

2.精力、时间问题

新教学模式与传统教学模式相比花费时间和精力多,这样如每一章节都完全按照此教学模式授课,教师负担很重。为解决这一矛盾,我选部分章节重点研究,一些比较简单的章节学生自学并强化练习完成。

3. 教学评价问题

因于学校评估方案与教学模式在某些方面有些不适应，所以给教师的工作带来了一些压力。平时，虽然教师在工作上花了不少时间，但这些工作因与学校的要求不一致，教师尽管辛苦工作，最后却不能得到学校的好评，似乎有一种出力不讨好的感觉，使教师觉得很不平衡。不过，我想教师如能调整好心态，改变观念，用事实证明一切，我相信最终一定能得到学校、家长、学生乃至社会认可的。

4. 学生惰性问题

因为学生依赖性很强，怕吃苦，怕困难，一遇到困难就想求教师或同学帮忙。布置完任务后，大多学生都积极思考，而总有些学生不动，等着其他学生给出结果。这一现象对新教学模式的顺利开展有一定的阻碍作用，对这一现象尽管教师多次启发教育还是不见有好的效果。我想教育一个人，转变一个人这不是一日之功，而需很长的时间和很大的耐心和精力，更需要多方面的配合。所以对此现象我尽力帮助，使其最大限度地真实地反映情况。

5.3.4 教学过程中的几点启示

1. 有效的课堂教学管理可能在课堂之外

要想能够有很好的课堂效果，不是教师在课堂上要求学生不能做这个，不能做那个来管理的，经过教学实践，我们认为，有效的课堂教学管理在课堂之外。我们探索的方式之一就是在组建学习团队的基础上，教师以项目为载体的学习团队的组建下，在课堂是实施变教师考核全体，为教师指导下的学生自己相互考核。课堂管理是靠每个团队内成员的互相监督、互相提醒，否则他们团队的分数就少了，当然这也少了教师的教学过程中的设计及监督作用。

2. 有效的课堂管理应该让学生在课堂能够主动学习

在前面提及的金字塔理论中，主动学习应该是采用讨论、实践、教授别人、所学内容立即应用等方式，在学习团队基础上，团队为了提高整体的分数，必须小组成员每个人都强大了，知识都学会了，才能提高整体实力，所以小组内课后就要进行互相讨论问题的解决办法，组内学习较好的成员就必须去教会相对学习较弱的成员，同时组内成员为了不给整个团队丢分就要主动去学习，去实践。学生从原来的被动学习变成了主动学习。

3. 以项目为载体，组建学习团队的基础上，在课堂是实行快乐性学习，娱乐性评价，是提高课堂管理效果的有效途径

课堂上教师考核的学习团队，学习不仅是个人的事，也是整个团队的事，个人表现的好坏关系到团队其他人的成绩，课堂上学生都忙乎起来，没有时间去做与课堂无关的事情了，如果某个同学不小心走神了，组内成员也会提醒，否则就会丢掉团队的分数，同时教师在课堂上实行娱乐性的评价方法，学生们也投入进去了，团队之间也会互相监督，课堂的教学管理成为学生们的互相监督，既有效果，课堂气氛又轻松，学生真正地学会了专业知识，同时又培养了学生的团队合作能力。这样做，不仅提高了课堂教学管理质量，同时也提高了学生们专业知识的掌握程度和良好的职业素养。

4. 双主教学为原则

本教学模式的顺利开展，特别强调双主教学原则，即教师主导，学生主体作用。这一问题处理好，教师和学生的作用都能得到最大限度的发挥，相反，处理不当不仅教学效果不好，也会影响学生的健康成长。所以在教学工作中教学必须做好以下两点。

(1)教师备课要充分

这一环节不仅强调要结合教学内容和学生的认知特点构建出有意义的情境，而且要设计好课堂中的导向环节，使教学过程活而不乱，学生思维开而有限。使学生真正在教师引导下通过解决实际问题，掌握隐藏在问题背后的科学知识。否则学生的思维无边，教师的教学无控，这样教师会遇到尴尬场面不说，最终不能完成教学目标，影响了学生的学习。

(2)充分发挥全体学生的主体作用

这种教学模式的实施，经常会使学生出现两极化的局面。也就是思想先进、学习主动、在教师的引导下积极发现问题，认真思考，努力探索，探索解决问题的最佳方案，这样不断地锻炼，各种能力越来越高，个人自信心有了很大的提高，学习过程中潜能也得到最大的发挥。相反，学习不太主动，思想不活跃的学生，在这种教学过程中，不能积极发现问题，也不主动思考所遇到的问题，更不愿与同学们一起讨论，不配合小组的工作，长此以往，个人能力不能提高，自信心也会降低，与小组成员合作不好，不仅影响本教学模式成功开展，个人性格的健康培养、能力的提高都会受到影响。因此教学过程中教师要充分发挥学生积极参与，相互协作的作用，否则教学效果会不如人意的。

5. 学生能力培养是教学的关键

教育的宗旨是培养学生各种能力。也就是通过教育使学生通过学习，使各种

能力得到最大限度的提高。所以在教学过程中，我们必须以这一宗旨为目标，为能提高学生能力设计教学。一切教学方法和教学策略都应为提高学生能力为目标。

在这一教学过程中，学生的思维是在教师设计的任务下进行的，任务是整个课堂的线索，因此有时误认为解决任务是关键，而忽视能力的培养。譬如，在教学工作中，有时教师因急于帮助学生解决任务，在发现问题时不是耐心的给予指导启发而是直接将答案告诉给学生；或者在组织教学时，不能合理地分组，不能使学生间的差异得到很好地平衡，有的小组每成员各项能力都很好，而有的却不太好，这样的搭配，不能起到合作互助的效果。协作能力自然得不到提高。

6.意义建构为目的

使用本教学模式一定注意本环节。有时教师为赶教学进度，常常忽略本环节，不给学生留出反馈的时间，不能使学生在比较中确实发现自己和别人的差距，草草结束问题的解决，这样与原有知识的衔接就会脱节，长此以往，形成的知识结构就不完整，有时甚至出错。所以教学过程中，教师一定要注意本环节的操作，一定让学生建立起正确的、科学的、完整的知识结构。

第6章 总 结

移动互联网的快速发展和各种类型移动终端的层出不穷，彻底改变了人们的生活方式。然而移动互联网业务在便携的同时也受到了来自网络能力和终端能力的限制，虽然越来越多的人期望使用移动终端来浏览页面，但是由于显示屏幕的局限、电池容量、内存和无线网络带宽等因素的限制使得在移动终端上方便学习和教学还是有一定的局限性的。本文通过开发基于PC端精品课程网站，再利用先进的网络技术将其有效转化到移动端，另外还开发了基于微信公众号的微课学习平台，有效地弥补了PC机与移动互联设备在当代学习生活中的不足问题。这一智慧教学平台的实现为计算机专业教师开展课程教学研究提供了借鉴依据。

另外，随着教育信息化，素质化呼声的高涨，全面实施素质教育是教师义不容辞的职责，改革现有教学模式，探索新型教学模式成为改变教学现状、弥补现有教学不足的一个必然途径，而基于工作过程为导向教学模式的学习无疑为当前的教育革新打开了一条崭新的思路，基于工作过程为导向教学模式的学习以其独有的特性：以真实情境的问题作为学习的驱动力；在自主探究的前提下，以小组合作的形式进行学习，到最终共同解决问题，它为培养学生的创新能力、自主学习能力、合作能力、解决问题能力提供了一个可操作的实践平台。

教学是一项平凡而特殊的工作，教学过程是一个复杂的系统过程，教学有法，教无定法，贵在得法。文中阐述了以基于工作过程为导向教学模式的学习为基础，以科学的方法以及国内外大量的研究，从理论探讨和实践操作两个层面对程序设计教学进行了一定的探讨，研究过程中，课题组成员参阅和引用大量的有关文献和资料，从浩如烟海的著作和杂志以及报刊中汲取了丰富的营养，借鉴了一些兄弟学校和其他教育研究者的先进经验和理论，力图使课题的研究，更加科学、规范，但由于时间紧，内容多，学校条件有限，再加之负责人能力有限、经验不足，对计算机整个专业课程教学以及基于工作过程为导向的研究都还处于初步阶段，所以在整理资料、阐述观点上都还有不当之处。十多年时间的教学研究取得了一些成果，但还需探讨之处还很多，比如实验准备不充分，教学环节设计不严密，学生工作做得不够，特别是在处理学生时间紧、教师任务重的问题上还没有好的方法，这些都有待于继续研究。另外在程序设计教学中，如何把这种教学模式与我们当前实际的教学改革紧密地结合起来，如何更好地运用这一教学法，培养学生的创新意识，提高学生的创新思维能力，造就面向新世纪的创新人才，如何将本模式推广到所有程序设计教学中，甚至网络环境下的程序设计教学中，还有待于我们在理论和实践中进一步探索和研究，更需要教学研究者和广大教学实践者的共同协作，继续完善。

该书是作者专注研究计算机专业课程教学改革十多年来的成果总结，倾注了作者大量的精力和心血，撰写过程中纰漏、错误在所难免，真诚希望各位读者在阅读之余能提出宝贵意见和建议，笔者将不胜感激。

参考文献

[1] 王晓东.算法分析与设计.北京:清华大学出版社,2003.

[2] 王琼先.Delphi7.0控件时尚编程百例.北京:电子工业出版社,2003.

[3] 谭浩强,周果宏.Delphi程序设计.北京:清华大学出版社,2003.

[4] 刘艺.Delphi面向对象编程思想.北京:机械工业出版社,2003.

[5] 李俊平.Delphi面向对象程序设计.北京:高等教育出版社,2005.

[6] 彭明明,程文刚.Delphi数据库编程100例.北京:中国铁道出版社,2004.

[7] 张海藩.软件工程导论.4版.北京:清华大学出版社,2001.

[8] 阎菲.实用软件工程教程.北京:中国水利水电出版社,2006.

[9] 史济民.软件工程——方法、原理与应用.北京:高等教育出版社,2002.

[10] 刘健.SQL Server数据库案例教程.北京:清华大学出版社,2007.

[11] 萨师煊,王珊.数据库系统概论.北京:高等教育出版社,2000.

[12] 周新会,周金根.数据库模块及典型系统开发.北京:人民邮电出版社,2006.

[13] 刘俊亮,王清华. JSP WEB开发学习实录.北京:清华大学出版社,2011.

[14] 欧阳桂秀,曹大有. Java语言程序设计.北京:高等教育出版社,2008.

[15] 柳永坡,刘雪梅,赵长海.JSP应用开发技术.北京:人民邮电出版社,2005.

[16] 耿祥义.JSP基础教程.北京:清华大学出版社,2004.

[17] 孙卫琴,李洪成.Tomcat与Java Web开发技术详解.北京:电子工业出版社,2004.

[18] 徐国庆.高等教育课程论.上海:华东师范大学出版社,2008.

[19] 赛奎春.JSP信息系统开发实例精选.北京:机械工业出版社,2006.

[20] 李有军,郭郑州,等. SQL Server数据库应用与开发.北京:清华大学出版社,2011.

[21] 胡百敬,姚巧玫.SQL Server 2005数据库开发详解.北京:电子工业出版社,2006.

[22] 张海藩.软件工程导论.北京:清华大学出版社, 2008.

[23] 李安强.JSP/Servlet技术在管理信息系统中的应用.青海大学学报(自然科学版),2004,04.

[24] 姜大源.工作过程导向的高职课程开发探索与实践——国家示范性高等职业

院校建设课程开发案例汇编.北京:高等教育出版社,2008.
[25] 赵志群.职业教育工学结合一体化课程开发指南.北京:清华大学出版社,2010.
[26] 李强.职业教育学.北京:北京师范大学出版社,2010.
[27] 郑阿奇.SQL Server 实用教程.2 版.北京:电子工业出版社,2006.
[28] 姜大源.世界职业教育课程改革的基本走势及其启示——职业教育课程开发漫谈.中国职业技术教育,2008(27):7.
[29] 姜大源,吴全全.当代德国职业教育主流教学思想研究.北京:清华大学出版社,2009.
[30] 赵志群.职业教育与培训学习新概念.北京:科学出版社,2003.
[31] 樊程,戴洪,瞿新吉,等.基于 JSP 网站安全的案例分析与解决方案.青海大学学报(自然科学版),2011,03.
[32] 刘剑.JSP 网站开发与设计.电脑知识与设计,2005(14).
[33] 姜大源.论高等职业教育课程的系统化设计——关于工作过程系统化课程开发的解读.中国高教研究,2009(4).
[34] 卫颜俊."Java 技术与应用"课程实践教学考核方式的研究与实践.计算机教育,2007(22).
[35] 姜仲,周绍斌,娄钧.面向岗位需求的高职软件技术专业 Java 课程群建设.职业技术教育,2009(8).
[36] 郭广军,戴经国,等.面向应用的"Java 程序设计"精品课程教学改革与实践.计算机教育,2009(12).
[37] 李劲华,杨厚俊.通识教育 Java 程序设计课程的教学研究与实践.计算机教育,2008(20).
[38] 邵奇峰,车战斌.Java 课程教学方法探讨.计算机教育,2008(12).
[39] 张少龙,杨韶华.高职 Java 课程改革中"三个如何"问题的思考与实践.计算机教育,2009(5).
[40] 周贤善,李娟,官彬.Java 课程教学的探析.计算机教育,2009(2).
[41] 娄钧,姜仲.面向软件企业开发岗位的 Java 课程群建设.计算机教育,2009(2).
[42] 肖辽亮,杨利军.基于工作过程的学习领域课程开发.课程开发,2008(29).
[43] 徐国庆.职业知识的工作逻辑与职业教育课程内容组织.职业技术教育,2003(16).
[44] 张艳妮.以项目为中心的职业教育课程设计新探索.课程与教学,2008(2).

[45] 谢传兵.我国职业教育课程开发的演变与课程考查的维度.职教通讯,2007(11).
[46] 刘丽华,陈江薇.基于工作过程教学模式的 J2EE 课程教学探讨.河北农业大学学报(农林教育版),2010(1).
[47] 冯建忠.德国职业教育经验对我国职业教育课程改革的启示.职业技术教育,2006(26).
[48] 张强.行动导向的职业教育课程模式研究.天津:天津大学,2007.
[49] 赵新凯.工作过程导向项目课程设计的实践与研究.上海:华东师范大学,2009.
[50] 冯一表.中等职业教育课程改革:经济、问题与对策.苏州:苏州大学,2009.
[51] 张秀彪.基于工作过程的职业教育项目课程研究.石家庄:河北师范大学,2010.
[52] 申文缙.基于"学习领域"课程方案的德国职业教育教学大纲研究.天津:天津大学,2007.
[53] 沙继东."软件编程(java 方向)"网站的设计与实现.长春:吉林大学,2008.
[54] 吴游丽.工作过程导向的项目课程教学设计研究.杭州:浙江工业大学,2011.
[55] 卫亚华.基于微信的高职 JAVA 程序设计微课研究.临汾:山西师范大学,2015.
[56] 王觅.面向碎片化学习时代微视频课程的内容设计.上海:华东师范大学,2013.
[57] 黄艳芳.职业教育课程与教学论.北京:北京师范大学出版社,2010.
[58] 严中华.职业教育课程开发与实施.北京:清华大学出版社,2009.
[59] 欧盟 Asia-Link 项目"关于课程开发的课程设计"课题组.学习领域课程开发手册.北京:高等教育出版社,2008.
[60] [网站]传智播客 http://www.itcast.cn/
[61] Generation of File Processing Programs Based on JSP. Rolf Engmann;Frans van Hoeve Softw., Pract. Exper. 1989-DBLP 文献.
[62] [英]Abraham Silberschatz, Henry F. Korth, S. Sudarshan 著, DATABASE SYSTEM CONCEPTS. Third Edition. 1999 by The McGraw-Hill Companies, Inc.
[63] Zhang, L. and W. Zhang. Implement of e-government system with data persistence of JavaEE, 2010.
[64] Yeh, Y. and H. Lin, Cardiac Arrhythmia Diagnosis Method Using Fuzzy C-Means Algorithm on ECG Signals, 2010.

附录A　学生微信使用情况与Java微课程平台构建调查

亲爱的同学：

您好，本问卷是一份有关研究群体微信使用情况分析与JAVA课程学习的学术调查问卷。非常高兴能够邀请您参与本次调查。本问卷采取匿名方式，您所填写的所有内容仅作为山西工程技术学院学生使用微信情况的研究，我们将对其严格保密。请您根据自己的实际情况放心填写。谢谢。

第一部分：微信使用情况

1. 目前您使用微信的状态是（选A或B选项，终止此调查）（　　）

A. 没听过　　B. 听过，考虑用　　C. 正在使用并打算继续用

D. 曾经使用过，已卸载　　E. 正在使用，但不打算继续

2. 您是从什么时候开始使用微信（　　）

A. 2011年1—6月　　B. 2011年7—12月　　C. 2012年　　D. 2013年之后

3. 您平时每天微信在线时间（　　）

A. 1个小时以内　　B. 1～4个小时　　C. 4～8个小时

D. 8～12个小时　　E. 12个小时以上

4. 您使用微信的主要目的是（可多选）（　　）

A. 认识新朋友，与老朋友联系　　B. 学术交流，增加学习兴趣

C. 关注国家大事，了解时事政治　　D. 增加互动，关注名人微信

5. 您使用微信的主要功能有（可多选）（　　）

A. 文字聊天　　B. 语音聊天　　C. 朋友圈　　D. 微信群

E. 扫一扫　　F. 摇一摇　　G. 腾讯新闻　　H. 订阅公共号

I. 查看附近的人　　J. 通讯录助手　　K. 微博　　L. 其他，请注明

6. 您是否订阅微信公共号（选B选项，终止调查）（　　）

A. 是　　B. 否（暂时没有发现微信的这个功能）

7. 您主要订阅哪类微信公众号（　　）

A. 教育类　　B. 新闻类　　C. 娱乐类　　D. 名人微信

8. 对于订阅的本专业相关的微信公众号，您是否会经常阅读并参与群讨论（　　）

A. 经常阅读并参与　　B. 阅读但不参与

C. 很少阅读但参与　　D. 从来不关注

第二部分:微信与微课程学习调查

1. 你认为微信在你的手机里是必要存在的吗(　　)
   A. 非常有必要　　B. 有必要　　C. 没有必要
2. 如果可以使用微信进行学习,是否有必要(　　)
   A. 非常有必要　　B. 有必要　　C. 没有必要
3. 你认为教师在讲授 Java 课程内容之前,应该对 Java 课程内容进行良好的教学设计有必要吗(　　)
   A. 非常有必要　　B. 有必要　　C. 没有必要
4. 你认为在 Java 中研究信息技术与其他学科的整合有必要吗(　　)
   A. 非常有必要　　B. 有必要　　C. 没有必要
5. 你认为教师是否应具备使用新教学媒体的基本技能(　　)
   A. 非常有必要　　B. 有必要　　C. 没有必要
6. 在学习《Java 程序与设计》的过程中,咨询老师是否有必要(　　)
   A. 非常有必要　　B. 有必要　　C. 没有必要
7. 在学习《Java 程序与设计》的过程中,改进教学方式是否有必要(　　)
   A. 非常有必要　　B. 有必要　　C. 没有必要
8. 你认为上 Java 课课前进行大纲预习是否有必要(　　)
   A. 非常有必要　　B. 有必要　　C. 没有必要
9. 你认为,学科教师是否应具备利用多种教学评价方式评价学生发展能力并将其应用于实际教学中(　　)
   A. 非常有必要　　B. 有必要　　C. 没有必要
10. 你认为,在以后的教学活动中,建立自主辅助学习系统是否有必要(　　)
    A. 非常有必要　　B. 有必要　　C. 没有必要

附录B　Java微课程平台使用效果与系统测试指标体系

亲爱的同学：

您好，本问卷是一份有关 Java 微课程平台使用效果与系统测试指标体系的学术调查问卷。非常高兴能够邀请您参与本次调查。本问卷采取匿名方式，您所填写的所有内容仅作为山西工程技术学院 Java 微课程平台使用效果研究，我们将对其严格保密。请您根据自己的实际情况放心填写。谢谢。

1. 您如何评价该平台界面风格的设计（　　）

   A. 优秀　　B. 一般　　C. 较差

2. 您如何评价该平台菜单风格的设计（　　）

   A. 优秀　　B. 一般　　C. 较差

3. 您如何评价该平台链接视频等资讯时的响应速度（　　）

   A. 优秀　　B. 一般　　C. 较差

4. 您如何评价该平台导航设计及服务器响应速度（　　）

   A. 优秀　　B. 一般　　C. 较差

5. 您如何评价该平台互动性的设计（　　）

   A. 优秀　　B. 一般　　C. 较差

6. 您如何评价该平台中 Java 课程内容的设置（　　）

   A. 优秀　　B. 一般　　C. 较差

7. 您如何评价该平台中 Java 微视频等学习资源的设置（　　）

   A. 优秀　　B. 一般　　C. 较差

8. 您如何评价该平台中 Java 课程的目标测试题内容的设置是否满意（　　）

   A. 优秀　　B. 一般　　C. 较差

9. 您如何评价该平台中辅助功能（行业资讯、讲笑话、听音乐等）的设置（　　）

   A. 优秀　　B. 一般　　C. 较差

10. 微课程平台的资源设置对你学习的帮助满意吗（　　）

    A. 满意　　B. 一般　　C. 不满意

11. 微课程平台的信息区对你学习的帮助满意吗（　　）

    A. 满意　　B. 一般　　C. 不满意

12. 微课程平台的学案设计对你学习的帮助满意吗（　　）

A. 满意　　　　B. 一般　　　　C. 不满意

13. 微课程平台的微视频教学对你学习的帮助满意吗(　　)

A. 满意　　　　B. 一般　　　　C. 不满意

14. 微课程平台的源代码功能对你学习的帮助满意吗(　　)

A. 满意　　　　B. 一般　　　　C. 不满意

15. 微课程平台的在线咨询对你学习的帮助满意吗(　　)

A. 满意　　　　B. 一般　　　　C. 不满意

16. 微课程平台的学习目标测试题对你学习的帮助满意吗(　　)

A. 满意　　　　B. 一般　　　　C. 不满意

17. 微课程平台对促进你的自主学习能力的帮助满意吗(　　)

A. 满意　　　　B. 一般　　　　C. 不满意

附录C 学生学习兴趣问卷调查表

评价共分为以下几个部分:学习兴趣、合作能力、自主学习能力、创新能力

一、为了了解学生学习JAVA程序设计课程的兴趣,帮助教师更好地组织教学,改进教学方法,从而提高教学效率,特编此试卷了解学生学习程序设计兴趣,请你认真、真实地在表中每项内容的三个选项中选择适合于你自己情况的选择项,并给以合理的分值。

学生学习JAVA程序设计兴趣问卷调查表

项目	内容	喜欢 (8～10)	一般 (6～7)	不喜欢 (1～5)
1	目前我对学习JAVA程序设计			
2	我对JAVA语言这个课程			
3	我对做教材中的例题和习题			
4	我对教师讲的一些小程序			
5	我对自己亲自动手设计程序			
6	我对能完成一定任务的小程序			
7	我针对联系周围的实际亲自编写程序			
8	我对花时间上机调试程序			
9	我对再学习其他程序设计课程			
10	我对将来从事程序设计工作			